U0638252

高校文化育人理论

与实践研究

刘贵振 ◎ 著

吉林出版集团股份有限公司
全国百佳图书出版单位

图书在版编目（CIP）数据

高校文化育人理论与实践研究 / 刘贵振著. -- 长春：
吉林出版集团股份有限公司，2023.6
ISBN 978-7-5731-3846-0

Ⅰ．①高… Ⅱ．①刘… Ⅲ．①高等学校—文化素质教
育—研究—中国 Ⅳ．①G640

中国国家版本馆CIP数据核字(2023)第135955号

GAOXIAO WENHUA YUREN LILUN YU SHIJIAN YANJIU

高校文化育人理论与实践研究

著　　者　刘贵振
责任编辑　张婷婷
装帧设计　朱秋丽
出　　版　吉林出版集团股份有限公司
发　　行　吉林出版集团青少年书刊发行有限公司
地　　址　吉林省长春市福祉大路 5788 号（130118）
电　　话　0431-81629808
印　　刷　北京昌联印刷有限公司
版　　次　2023 年 6 月第 1 版
印　　次　2023 年 6 月第 1 次印刷
开　　本　787 mm×1092 mm　　1/16
印　　张　10
字　　数　220 千字
书　　号　ISBN 978-7-5731-3846-0
定　　价　76.00元

版权所有·翻印必究

前　言

教育是文化的表现形式之一，与文化的关系最为密切、直接，脱离了教育的文化将失去传承功能，脱离了文化的教育则空洞而低效。在整个社会的文化活动中，学校活动是最具效力的一种，学校的文化功能是其他社会组织所不能比拟的。高校育人离不开高校文化的浸润，高校的长足发展更离不开深厚文化底蕴的承载和科学文化理念的引领。因此，高效、系统地开展文化育人模式研究具有积极的现实意义和实践意义。

本书首先介绍了文化育人的相关理论，其次论述了高校校园文化育人及其运行机制和发展思路，最后探讨了大学生人文素质的发展及培养方面的内容。本书涉及面广，实用性强，并强调理论与实践相结合，具有理论与实际应用价值，可供相关教育工作者阅读和参考。

本书在撰写过程中借鉴了一些专家学者的研究成果和资料，在此特向他们表示诚挚的感谢。由于撰写时间仓促，加之笔者写作水平有限，不足之处在所难免，恳请专家和广大读者提出宝贵意见，并予以批评指正，以便改进。

目 录

第一章 文化育人的相关理论

第一节 高等教育学相关理论

一、大学职能理论与文化育人

"职能"在《现代汉语词典（第7版）》中的解释为："人、事物、机构应有的作用；功能"。大学职能是指大学作为一个社会机构，根据社会的要求所应该承担的职责。通俗地说，即大学应该做什么。当前，大家普遍认同的观点是，人才培养、科学研究、社会服务、文化传承创新是大学的职能。大学的职能是随着大学的发展而产生、发展和变化的。

第一，人才培养。人才培养是大学职能的第一要义，是自大学产生之日起就具有的职能。大学文化育人的使命与目的就在于继承历史优秀文化传统，并进一步发展创新，两者之间存在守成与创新的关系。大学育人的目标应当是在浓厚的文化氛围中使学生人格健全、心理素质稳定、学习能力强、理解人生意义，具有人文视野与家国情怀，敢于担当并富有社会责任感，在"知""情""意""行"等方面实现全面而自由的发展。社会的飞速发展对人才的需求也是在不断变化的。历史上不同的时代、不同的国家对学生的要求都是不同的，如德国洪堡时期对学术研究型人才的重视、美国对社会服务型人才的培养等。与此同时，大学的职能也在不断拓展，但是培养人才始终是大学的根本目的，无论大学如何发展，这一职能永远不会消失。

大学的各项工作理应把培养人才作为出发点和落脚点。

第二，科学研究。1810年，洪堡等人创办了著名的德国柏林洪堡大学。洪堡的大学思想理念拓展了大学的职能，即赋予了大学第二项职能：科学研究。科学研究的职能是培育人才不可或缺的途径，也是科技和经济发展的客观要求。科学研究有助于提高教师的教学质量，是教师教学内容更新的源泉。教师讲授自己的创造性思想，兼有研究方法的传递与指导，有利于激发学生的创新精神，发展学生的智能。因为大学日益成为科学知识创新的重要场所，从而成为推动科学发展的重要力量之一。

第三，社会服务。培养人才和发展科学，从广义上来讲，都是社会服务，但大学直接面向社会、直接为社会服务出现于19世纪中叶的美国。1862年，美国总统林肯签署了《莫里尔法案》，将美国人的"求实精神"注入大学，赋予了大学第三项职能。随后美国新建和改建了一批"赠地学院"，引导美国大学走上了与社会结合、为社会经济发展服务的道路。其中，最具有典型意义的是威斯康星大学确立的"威斯康星思想"，高校进一步成了社会的"服务站"。

第四，文化传承创新。文化传承创新是培育人才的客观需要，是促进科学发展的现实选择，是引领社会文化发展的重要渠道，也是建设高水平大学的内在要求。大学职能的演变是大学这个社会机构与社会关系的直接体现。大学的职能从一元走向多元，随着经济的发展，根据社会的需要，大学从社会的边缘走向了社会的中心，将会承担越来越多的社会职能。

二、高等教育哲学论与地方大学文化育人

美国当代著名教育哲学家约翰·S.布鲁贝克在其著作《高等教育哲学》一书中指出：在20世纪，大学确立自身地位的途径主要有两种，即两种高等教育哲学，一种是以认识论为基础，另一种以政治论为基础。他将认识论和政治论视为高等教育

存在合法地位的哲学基础。在"两论"中，时而认识论哲学占据高等教育的统领地位，时而政治论哲学起主导作用，抑或两者并驾齐驱，共同支配、推动着世界高等教育的发展。

以认识论为基点的高等教育哲学认为，大学是人类认知世界、探索和发现真理的主要场所，其强调"学术的客观性"和"价值无涉"。在这种哲学理论指导下，高等教育的价值体现为知识，即目的。大学被认为是一个学术系统，它在探究高深学问时，应极力摆脱世俗价值的影响，远离现实，避免外界尤其是政治和商业的干扰，以保持知识的客观性。高水平大学侧重于遵循以认识论为基点的高等教育哲学，在办学上追求"为学术而学术"的价值取向。

以政治论为基点的高等教育哲学则站在入世的角度认为，大学作为社会发展的产物，不能孤芳自赏，应该走出"象牙塔"，走向社会的中心，以实际问题为价值导向，以解决复杂的社会性问题为己任，主动承担起为国家、社会服务的责任。在这种哲学理论视野指导下，高等教育的价值体现在满足社会发展需要上，即"社会本位"。也就是说大学所研究的高深学问、探求的真理、开展的社会服务等，都必须以为国家做贡献、服务社会、造福人民为宗旨。

对于地方大学来说，似乎后者更有价值。因为现代的大学既不再是纽曼时代的"乡村"，也不再是弗莱克斯纳口中的"城镇"，而是克拉克·克尔口中的"一座丰富多彩的城市"，所以，认识论和政治论这两种哲学论并非孤立，而是一对相互对立统一的矛盾体。随着当代大学职能更加多元化，认识论哲学已不能完全涵盖大学的所有功能，而政治论哲学也不可能完全取代认识论哲学的作用，"为学术而学术"和"为社会而学术"的融合是当代大学、尤其是地方大学的必然选择，两者的结合既符合地方大学自身的办学实际要求，又遵循认识论、政治论高等教育哲学的价值取向。

第二节　文化自觉与文化育人

20世纪90年代，随着"冷战"的结束，全球经济一体化与文化多元化的趋势日益明显，全球的学者都在对新时代文明与文化发展的规律、形态进行深刻的反思。反思的焦点在于世界各个国家与民族的文化在冲突、融合中如何保持自身的特点与优势并不断将其发扬光大。随着经济全球化发展，世界的文化发展趋势又是怎样的呢？美国学者塞缪尔·亨廷顿提出了"文明冲突论"。他认为，"冷战"结束后，意识形态已不再是世界冲突的根本，文化上的差异导致了世界冲突，世界上"文明的冲突"不可避免。英国学者提出了现代性理论范式，对现代性进行了反思。吉登斯认为，他生活的这个世界处在晚期的现代性之下，它与先前的世界有着很大的不同，是一个充满世俗文化风险的世界。在这个世界中，焦虑的情感越来越突出，自我认同被创造并不断重组，德国学者尤尔根·哈贝马斯针对后现代主义的观点，提出了著名的沟通理性理论。哈贝马斯认为"工具理性"过度膨胀从而产生的"意义失落"与"自由失落"的异化现象，导致人类丧失了自主与反省的能力。总而言之，西方学者在把握时代发展的特点与探讨新时期文化发展的规律和趋势时，提出了一些颇有见解的观点与思想理论，但由于他们所处的社会地位与分析问题的立场的局限性，因此均存在一定的缺陷。

中国的学者站在纵向历史传统与横向世界格局的交汇点上，提出了与西方学者有较大差异的观点和见解，其中最有代表性的就是中国学者费孝通从人类学与民族学角度提出的"文化自觉"观点。他指出："文化自觉，意思是生活在既定文化中的人对其文化有'自知之明'，明白它的来历、形成的过程、所具有的特色和它发展的趋向。自知之明是为了加强对文化转型的自主能力，取得决定适应新环境、新时代文化选择的自主地位。"正如中华优秀传统文化中对"和"的见解：孔子曰"和而不同"，"和"是指多样性的统一。庄子曰"天和"，说的是人与自然和谐。《中庸》主张"中和"，其认为"万物并育而不相害，道并行而不相悖"。在文化自觉的观点下，面向未来的大学文化育人应达到"各美其美，美人之美，美美与共，天下大同"的理性境界。

笔者认同这样的大学文化自觉的理论，即"大学的文化自觉是指一所大学对文化在发展进步中的地位和作用的深刻认识，对文化建设内在规律的正确把握，对文化发展历史责任的主动担当。它是大学的一种内在精神力量，是对大学发展进步的强烈向往和不懈追求，是推动大学科学发展的思想基础和先决条件"。

大学文化自觉就是既要遵循自身的发展逻辑，坚守合理内核，又要主动适应社会经济发展，还要引导、反思、批判社会，让大学文化成为人类精神的家园、国家文化的高地和社会道德的灯塔。

文化既是民族的血脉，也是人民的精神家园。真正的大国，最终的较量表现在文化上。政治上的决定力、经济上的影响力、军事上的威慑力、制度上的被信赖与文化上的被向往，这五大要素的集合，才能成就大国与强国。因此，欲强其国，必强其文化；欲强其文化，必强其教育。在这一方面，大学义不容辞。经过多年的高等教育体制改革和结构调整，中国大学的类型结构日益多样化。从总体上来看，办学条件更加优化，硬件设施不断完善，但也产生了很多问题，如过分满足市场需要、一味追求市场化与产业化，工具理性高扬、价值理性衰微，导致了大学精神文化的衰落以及人才培养质量的降低，引发了社会的诸多不满和诟病。产生这些问题的一个重要原因就是这些学校忽略了文化建设。大学文化是大学进步发展的核心影响力量。《国家中长期教育改革和发展规划纲要（2010–2020 年）》提出："高校要"积极推进文化传播，弘扬优秀传统文化，发展先进文化。"文化自觉视角下的大学文化育人，有利于深化对大学本质及其发展规律的认识，有利于深化对中国大学文化的探索，有利于深化大学内部管理体制改革，有利于深化对大学发展理念的认识，有利于营造创新型人才培养的环境，是新的历史条件下加强大学自身建设与促进大学科学发展的关键所在，具有重要的理论价值与实践价值。

第三节　校园文化理论与文化育人

校园文化是一所学校在长期办学实践中积淀的且不断丰富的内在文化氛围，是在广大师生直接参与和精心培育下凝聚成的学校学风、教风和校风的一种内在表现，是全体师生校园活动的精神支柱与价值准绳。校园文化对学校的发展和学生的成长成才具有重要意义。

大学校园文化是以全体师生为主体，以环境文化、制度文化、行为文化和精神文化等为主要内容，以提升师生凝聚力和创造力为导向，以培养高素质创新人才为目标的一种群体文化。

大学校园文化包含物质文化与精神文化两个层面。物质文化即环境文化，是校园文化建设的基础和学校建设的"硬环境"，包括校园规划、景物景观、绿化美化等物化形态的内容，是校园文化的载体。制度文化和行为文化是显性的精神文化。制度文化反映了学校的调控力度、监控能力和管理水平，是维持正常教育教学秩序的重要保证，渗透着价值观、素质、作风、行为、目标等精神文化方面的内容，是行为文化的导向，是保证物质文化、精神文化建设顺利实施的关键。精神文化是一种高层次的校园文化，它是隐性的，是校园文化的抽象和升华。作为学校建设的"软环境"，它是全体师生在学校发展过程中逐步形成的传统习惯、价值观、行为规范、校风以及包括学校最高目标在内的精神总和，对丰富校园文化生活、提高师生素质、完善人格、培养创造力、促进学生全面发展具有重大意义。

一、大学校园文化的功能

校园文化是一所大学精神的价值取向，在人才培养过程中起着重大作用，是一所学校综合实力的体现，是学校发展的灵魂和生命力所在。校园文化的凝聚力与创造力是校园文化的核心。

第一，校园文化具有明确的导向作用。先进的校园文化无声无息地影响着生活在其中的每一个群体成员的思想道德观念、心理健康素质、行为准则及世界观，帮助每一个群体成员树立正确的人生观和价值观，从而实现对人的精神、心灵及性格的塑造。大学肩负着培养全面发展的高素质创新人才的历史使命。创新人才的培养，需要有创造力的校园文化氛围来引导。校园文化对大学生的全面发展具有很强的引导作用。

第二，校园文化具有很强的凝聚力。大学既是汇聚知识和传承知识的地方，也是文化交融、人才荟萃的地方。不同学科专业、不同学术观点在这里交融、碰撞，只有建立在具有凝聚力校园文化基础上的团结协作，才能使不同学科专业和学术观点碰撞出进步的火花，才能促进交叉学科的延伸。只有积极向上的先进校园文化，得到大学群体成员的普遍认可，才会不断增强相互间的认同感，这是建立培养团队精神与协作精神的重要方面。

二、校园文化建设的内容

环境文化建设、制度文化建设和精神文化建设是大学校园文化建设的三个层次。环境文化体现了一所大学的形象，是大学校园文化的重要组成部分；制度文化反映了学校的调控程度、监控能力和管理水平，是维持正常教育教学秩序的重要保证；精神文化"以高尚的精神塑造人"是大学校园文化建设的宗旨。加强大学校园文化建设必须从以下三个方面入手：

第一，环境文化建设。要大力加强校园规划及绿化美化建设，重视学校标识、校训、校旗、校徽、校歌、雕塑等学校自身形象的规划、设计与维护，实施大学形象发展工程，使学校的形象始终处于一种鲜活、亮丽的状态。

第二，制度文化建设。制度文化建设对现代大学管理是非常重要的。一个大学倡导的理念、规范、价值趋向，往往需要从制度上来反映。倡导以人为本的教育理念，建立严格规范的人才培养制度、教学制度、学生管理制度等规章制度，使师生员工养成严谨规范的学习工作态度，形成良好的教风学风。建立科学务实的奖励制度，引导师生奋斗的方向和目标，培养其良好的世界观、价值观。根据教师管理、教学管理、学生管理中出现的新情况和新问题及时对规章制度进行修订，管理人员就会有章可循，有利于更好地服务师生，从而营造更加良好的管理氛围。

第三，加强精神文化建设。精神文化是校园文化的核心，是一所学校的灵魂。教学、科研、管理、教辅、后勤等各部门、各单位全体教师共同参与、互相配合，从不同的角度与不同的层次对学生思想、心理、品质及其学习、生活和修养等整体素质进行潜移默化的教育、熏陶和引导，形成"人人是表率，处处是课堂"的育人大格局。首先，通过丰富多彩的校园活动、校园文化，促进学生全面发展；其次，通过各种文体活动的开展激发学生的竞争意识、团队意识、创新意识；最后，在教学楼、实验楼以及体育馆等地方建设宣传板块，弘扬学校校训、励志语句，使师生员工处于一个积极向上的氛围中，让他们时刻能看到、感受到社会倡导的主旋律，不断充实他们的内心世界。这样一来，大学一定能培养出德才兼备的、富有责任感的、合格的社会主义建设者与接班人。

第四节　文化管理与文化育人

文化管理最初起源于企业管理，20世纪，经验管理逐渐向科学管理迈进，到了21世纪，科学管理则逐步向文化管理转移。大学不断向企业管理借鉴理论与管理模式，21世纪的大学，文化管理成为众多高校追求的理想管理模式。

文化管理可以归类为管理思潮与管理思想，也可以归类为管理理论，还可以说是一种管理模式。"以人为本"始终是文化管理的核心要旨。文化管理的主要内涵就是以人为本、以价值追求为主要诉求、以组织内全体成员全面而自由的发展为目的，营造以共同的目标与价值追求为核心的组织氛围，不断激发组织成员的积极性、主动性与自我控制力，最终目的是实现个人价值与组织价值、个人目标与组织愿景。

学术界对大学文化管理虽然没有统一、严谨的定义，但界定了大学文化管理的几个特征：一是以文化为管理的主要途径，通过塑造共同价值观从而实现引领大学组织与大学生的共同发展，实现个人与组织的共同目标，这种管理是以人为中心，以塑造共同价值观为手段，以促进人的自我实现和发展为目的的管理模式。

二是要准确把握高校文化管理的含义，就必须辨清"管理"和"文化"之间的关系。笔者认为，文化更多地偏向于理念，是一种内涵、一种能力、一种技巧，讲求氛围和状态，它可以成为管理的价值源泉和驱动力；而管理更多地偏向于工具，是一种标准、一种模式、一种方法，讲求制度和规范，它是提升文化感召力，形成自我更新管理机制的方法论。"管理"和"文化"要相互融合，才能实现相互提升和相互促进的效果；将文化融入管理，才能够极大地提高管理水平；将管理作为一种工具，才能够更好地展现文化的价值和魅力。

三是要准确把握高校文化管理的含义，还要根植于高校这个特定的范围。高校的根本任务是培养人，其管理对象是人，目的是促进教师的成长和学生的成才，这是高校管理与企业管理及行政管理等其他管理的根本区别。从这个角度来看，把学校的理念、精神、价值追求等转换为全体师生的信念、行为、作风等，本身就是管理的题中之义。另外，通过管理，将高校的文化具体化为教育规范师生的制度、机制等，则是文化建设的重要内容。所以，有人说，高校管理既是管理文化，也是文化管理。

加强高校文化管理，需注意以下几个方面：

第一，以人为本。坚持以学生为本，充分尊重学生的个性发展，凸显人文关怀。要把"以人为本"作为文化建设的出发点和落脚点。学校的发展，首先是学生的全面发展；其次，是教师的全面发展，没有学生，就没有教师，也没有校长，自然就没有学校存在的价值。要按照"育人以学生为本，办学以教师为本，管理以服务为本"的理念，鼓励广大师生自觉将社会主义核心价值观和责任意识、使命意识渗透到课堂教学、社会实践、校园文化、学校管理、后勤服务等人才培养的各个环节。坚持"以人为本"，一方面，重点在于要尊重学生，充分发挥其主体性。在实践中，要以平等民主的态度对待学生，要把学生看成能不断完善自身修养的个体，相信他们具有接受教育的积极性与主动性。另一方面，"以人为本"必须把不断满足学生的发展需要作为出发点和落脚点，使教育内容与时俱进，实事求是，适应时代和社会的发展，符合大学生的实际需要。

第二，价值观的引领。以学生价值观培育为核心，具有明确的价值观选择。大学文化的构建与确立绝不仅仅是几句口号和一些简单的形式就能完成的，还需要我们持之以恒地坚持与守望，并根植于内心，使之成为支配事物进程、展现人的思想与言行的精神内驱力。那么，在大学发展进程中，哪些文化需要我们持之以恒地坚持与守望呢？

一是大学的科学精神与民主精神。在大学里，崇尚科学精神本来不应是问题，因为大学本身就是从事科学的研究与传播的，只是近年来，受到功利主义的冲击、权力的影响，大学的科学精神也有弱化的风险，对此，我们必须高度重视。坚持科学精神，简单地说，就是坚持实事求是，坚持严谨治学，遵循客观规律办事，从事学术活动和得出学术结论要反映事物的本来面目，不受权力的干预和金钱的诱惑。要坚持科学精神，必须解决世界观问题。

二是大学的人文精神。人文精神的内涵是综合的、非常丰富的，大学之所以成为大学，主要基于两个因素：高素质的教育和学术水准、大学的道德使命和人文关怀，亦即对人类精神世界的观照和社会道德的提升。所以，在大学发展建设中，一方面我们要高度重视学术水平的提升，另一方面也要高度重视人文精神的塑造和弘扬。

第三，采用科学有效的管理方法。要形成科学的管理文化，实现科学的管理，必须赋予管理五种价值（或功能）：一是要给管理对象、组织灌输一种精神、一种品格，以此熏陶组织中的每一个个体，使他们在思想观念和行为方式等方面具有高度的一致性和认同感、归属感、集体荣誉感，这是组织取得成功的必备条件，也是管理者首先要具备的。二是要给组织一个目标、一个方向。一个高效、有发展前途的组织，必定有其共同的奋斗目标。目标代表着组织的方向和未来，虽然各成员都有各自不同的目标，但一定要有一个被其他成员认可和接受的共同目标。要通过确立明确的方向引导成员迈向共同的目标。三是要为组织建立一种规范、一种秩序。建立秩序的目的是使成员能够按照规范的制度和程序，向着既定的方向和目标奋斗。这种规范和秩序是为了保证成员的安全，而这种安全实际上是一种公共环境和公共产品。四是要为组织的运转提供环境保障和条件保障，包括物质条件、制度条件和文化条件。要积极为组织争取资源，为组织的发展提供有力支撑。五是要有鼓动性和动员力。要把大家的积极性调动起来，朝着共同的目标努力，这样的组织才具有生命力和战斗力。"千人同心，则得千人之力；万人异心，则无一人之用。"高校管理者不仅要自己提振精神，满怀信心，而且要把这种信心传递给所有教职员工，把全校上下的积极性充分调动起来，树立坚定信念，切实提高执行力。

第五节　价值理性与工具理性相关理论

从历史上来看，所有科学的母体都源自哲学，教育学也是从哲学的母体中诞生的，所以说教育学与哲学存在不可分割的天然联系，博大精深的哲学思想源源不断地为教育学提供物质营养，推动了教育学的发展进步。德国学者马克思·韦伯提出理性区分的观点，即区分价值理性与工具理性。

价值理性是指通过有意识地对一个特定的行为——伦理的、美学的、宗教的或做任何其他阐释的——无条件的固有价值的纯粹信仰，不管其是否取得成就。

工具理性是指通过对外界事物的情况和其他人的举止的期待，并利用这种期待作为"条件"或"手段"，以期实现自己合乎理性所争取和考虑的作为成果的目的。

价值理性和工具理性不可分割，是一对紧密联系的相关理论，具体表现如下：

首先，工具理性的发展动力与精神源泉来自价值理性。

其次，价值理性实现的基本途径是工具理性。

最后，价值理性与工具理性就像是一个硬币的两面，不可分割，共同作用于人类的社会实践和大学的文化育人实践。

大学文化育人的实然困境，在于大学没有意识到文化育人的问题与存在的根源，没有从文化育人的角度出发，有针对性地、积极主动地建设大学文化，从而使得文化育人的效果欠佳，具体表现为价值理性与工具理性的错位与冲突。在价值理性层面，一部分从大学步入社会的学生缺乏理想信念，情感冷漠，道德水平低下，社会责任感差，这反映出其在校期间大学文化价值理性的缺失。在工具理性层面，因为文化育人途径的缺失或者越位，导致学生在校期间感受不到大学文化的教育引领，处在一个文化的沙漠，步入社会后与社会人无异，这反映出其在校期间大学文化工具理性的缺失，所以说，大学的文化建设是一个功在当代、利在千秋的事业，千万不能目光短浅，只追求眼前利益，这样不仅会导致学校的文化建设为其以后的发展拖后腿，影响学校核心竞争力的提升，还会贻误学生终身，导致育人的失败。

在大学文化育人过程中，往往在价值理性与工具理性二者之间的关系上存在矛盾与冲突，工具理性方面体现在文化育人途径、手段、载体的缺失与异化，价值理性方面体现在育人思想、理念、价值引领的缺失与异化，都是大学文化育人面临的困境。大学文化育人的出路就在于价值理性和工具理性的归位与重构，各自发挥作用，实现大学文化育人的内容与形式的有机统一。

从一般意义上来讲，如同科学文化与人文文化的发展，工具理性容易被重视，价值理性容易被忽视。而价值理性表现在人文文化中，看不见、摸不着，往往带不来实际利益。在大学文化育人的话语范畴内，二者不能偏废，工具理性需要价值理性的引领，如果失去价值理性的方向指引，大学文化育人就会陷入迷茫，甚至是开倒车，走错方向。工具理性帮助价值理性在具体的社会实践中加以体现，失去工具理性的支撑，价值理性只能像海市蜃楼一样遥不可及。二者的和谐统一才是大学文化育人的必然出路。基于价值理性与工具理性的分析框架，本书认为，在理论层面，高校文化育人应实现价值理性和工具理性的归位与重构、合流与统一。在实践层面，一方面，应大力凝练与加强大学精神文化建设，弘扬大学人文精神；另一方面，应更加重视文化育人中的载体建设，从而提高高校文化育人水平。

第二章　高校校园文化育人

第一节　校园文化育人概述

一、基本概念

（一）文化与高校校园文化的定义

1. 文化的定义

人们对"文化"一词并不陌生，但要给"文化"这个使用率颇高的概念下一个简单而明确的定义，却非易事。随着研究的深入和文化热的几起几落，人们对"文化"定义的分歧越来越大。有人曾做过一个调查，从 1871 年至 1951 年的 80 年里，社会学家和人类学家关于文化的定义有 164 种之多。

"文化"一词源于拉丁文，原意是对土地的耕种和对植物的培养，我国古代就有"以文教化"的说法。最早给文化下定义的是人类学鼻祖泰勒。他认为，文化是复杂的整体，包括知识、信仰、艺术、道德、法律、风俗以及其他作为社会一分子所习得的任何才能与习惯，是人类为使自己适应其环境和改善其生活条件而努力的总成绩。

今天我们普遍使用的"文化"概念是 19 世纪末由日语转译过来的，因为当时没有对文化下定义，所以使用时都按照自己的需要来定。如此一来，文化在不同的使用背景下就有了不同的解释。目前，学术界对文化的划分有广义和狭义两种。广义的文化泛指人类在实践中所创造的精神成果和物质成果的总和。狭义的文化是指人们普遍的社会习惯，如衣食住行、生活方式、行为规范等。文化是一种存在于社会中的普遍信仰和共同遵守的规范及惯例。当人类的物质条件达到较高的水平时，人们对精神和文化的渴望更为迫切，人们对文化的认识也逐渐开始深化。

2. 校园文化的定义

校园文化是一个涵盖面极为广泛的概念，学术界普遍认同的概念是，校园文化特指以大学生为主体、以课外活动为主要内容、以大学校园为主要空间、以校园精神为主要特征的一种群体文化。高校校园文化是在高校这个特定范围、特殊环境中产生和演进的，是文化的一个子系统，是一所高校在长期办学过程中形成的育人文化和影响社会的价值文化的综合，具有多元性、时代性、开放性和前瞻性等特征。

从文化主体来说，高校校园文化主要包括教师文化、管理者文化和学生文化三种。从内容上说，高校校园文化可以分为物质文化、制度文化、精神文化、活动文化四个层面。高校校园文化是四个层面文化的有机结合，相互依存、相互补充、相互强化，共同对高校教育产生影响。其中，物质文化是基础，精神文化是核心，制度文化是保障。近年来，随着互联网的广泛深入发展，网络育人的优势日益显著，并在高校文化育人中发挥着越来越重要的作用。网络文化大大提高了校园文化的科技含量，丰富和拓展了校园文化的形式，已经成为校园文化的重要组成部分。从高校校园文化的理论结构上说，社会主义核心价值观是高校文化育人的主导思想和精神指引。建设和谐的文化是一所高校校园文化的核心内涵，高校校园特定的文化氛围是和高校的培养目标相一致的，要以习近平新时代中国特色社会主义思想为指导教育人、引导人、激励人和塑造人，对校园人的价值观有明确的导向作用。

不同高校之间区分的一个重要标志就是高校校园文化，它作为一种独特的文化，对一所高校的生存和发展起着至关重要的作用。高校校园文化是社会文化的组成部分，同时受制于社会文化。它是一所高校在长期办学过程中形成的育人文化和影响社会的价值文化的综合，体现了高校的特色、理念和精神，具有强大的感染力和凝聚力，受到广大师生的共同认可和守护。高校聚集了众多知识分子，而他们以其自身的知识理性与道德良知赋予高校校园文化独有的先锋性、批判性与开放性品格。作为新思想、新文化的策源地和传播、交流中心，高校校园文化对社会文化的发展有着积极的引领作用。通过高校校园文化营造一种育人氛围，有助于形成良好的校风、学风，塑造大学生健全的人格，激发他们的创造力，使他们在主旋律引导下成长成才。

（二）文化育人与高校文化育人的定义

1. 文化育人的定义

我国最早的关于文化育人的内容源于《易经》："刚柔交错，天文也；文明以止，人文也。观乎天文，以察时变；观乎人文，以化成天下。"文化的目的是培养和塑造人才，可以说人创造了文化，同时也是文化的创造物。

文化育人，即以文化培育、塑造人。学生在高校接受教育的过程可以被看作接受文化熏陶的过程。爱德华·斯普朗格曾提出"教育是一种文化的过程"。他的理论不仅阐释了受教育者将客观的文化价值内化为主体精神的"化文成人"的过程，也突出强调了教育的意义在于"向文而化"。从语义的角度来说，"文化"表示对人的性情的陶冶、品德的教养，"以文教化"是它的本义，它属于教育领域的一个范畴。

相对于知识育人，文化育人更强调文化整合能力的提高与培养，这种文化的整合能力往往通过内化，沉淀为人的心理结构，形成一定的人格。只注重"知识育人"可能会导致人的片面发展，而"文化育人"则能促进人的能力和素质的全面发展。知识育人侧重给学生传授更多的知识或技能，而文化育人不以学生获得了多少知识和技能为主，而是以育人过程要给学生一种成长的体验和掌握学习的方法为主，注重培养学生的人文主义精神。文化育人的过程离不开知识育人，提倡文化育人实际上是在高校的知识育人过程中，借助校园环境、学科专业、课外活动、学风、校风等文化载体，将教育内容融入学生的思想理念中，达到文化育人的效果。

2. 高校文化育人的定义

关于高校文化育人的定义，由于理论视角和认知架构的差异，因此，学者所下的定义不尽相同。关于高校文化育人的概念，学术界也主要从高校校园文化、文化育人等概念入手加以研究。笔者整理相关文献后发现，目前学者往往从三个维度来进行理解。

第一，把高校文化育人看作一种培育人的途径。高校要传承创新文化，积极发挥文化育人作用，使我们感受到高等教育与文化的紧密联系。高校只有通过"文化育人"的理念，才能真正培养出符合社会发展需要的高素质人才。高校校园文化是一种教育文化，育人功能是高校文化的根本功能。袁贵仁指出："在一定意义上可以说，大学即文化。大学的教育教学过程实质上是一个有目的、有计划的文化过程。所谓教书育人、管理育人、服务育人、环境育人，说到底都是文化育人。"因此，我们能更加清楚地认识到高校文化与育人之间的关系，即大学文化的根本任务就是传承文化、传播文化、创造文化，培养健全的人、完善的人，实现"文化育人"的功能。高校在教育教学工作中通过文化这个载体，引导学生形成科学的世界观、人生观、价值观，促进他们思想道德素质的自我完善，使他们最终成才。在目前众多有关大学文化研究的视角中，基于提升学生学习效率的研究视角是一个离大学文化的育人内涵最为切近的角度。

第二，把高校文化育人看作一种育人的内容。高校文化是人类社会长期发展中所积累的优秀文化的缩影，是以文"化"人，即通过优秀的大学文化促进大学生的全面、自由、充分、和谐、健康发展。高校教育一方面是以优秀的校园文化对大学生进行教育，并最终内化为引导大学生健康成长的价值观念；另一方面是大学生经过高校的优秀文化熏陶，呈现出可以反映高校特色的精神状态。文化育人既是高校的重要任务，也是高校文化自觉的重要体现。教育和文化有着天然的紧密联系，高校作为文化的有机组成部分，也可以看作文化的一个标志，可以说高校是文化发展到一定程度和阶段的产物。

第三，把高校文化育人既看作一个途径，又看作一种内容。高校文化育人不仅是借助文化这个载体来培养和塑造人才，而且更是学生接受文化熏陶的过程，即"文化化人"。高校通过文化来培养人才，可以增强教育的吸引力和渗透力，因为文化直观、形象、生动，具有渗透力强、影响持久的特点，所以将高校教育融入文化，更容易被人们接受。同时，文化又包含着大量的教育内容。一般来说，文化是由符号、语言、价值观、道德规范等构成的，会对人们产生全面的影响。高校通过文化来教化人，有利于人们思想道德素质和科学文化素质的全面提高。王明清说："文化育人是高校价值体系的核心和灵魂。先进的高等教育观倡导'以人为本'的理念，其本质就是重视教育的文化价值或者说文化育人。"高校师生很容易受到校园文化的影响，因为它总是以潜移默化、润物无声的方式产生很强的导向性和示范性。高校应该把文化育人和教书育人、管理育人、服务育人、环境育人结合起来，贯穿教书育人的全过程。

综上所述，"文"是育人的核心内容，"化"是育人的基本方法。高校为了学生的自由全面发展，应坚持以优秀文化对学生进行教育，而通过优秀校园文化熏陶的学生必定具备良好的素质，成为社会发展所需要的合格人才。因此，高校文化育人既是培育人的一种途径，又是人才培养的内容。

二、高校文化育人的载体

随着改革开放的不断深入和国际竞争的日趋激烈，要求高校向社会输送大批具有创新精神和实践能力的高素质人才。这种人才仅靠课堂教学是培养不出来的，其需要良好的高校文化环境和诸多因素的共同作用。

"载体"一词最早出现在化学领域，后来被广泛运用于科学技术的各个领域。《现代汉语词典（第7版）》中对载体的定义为：①科学技术上指某些能传递能量或载运其他物质的物质。如工业上用来传递热能的介质，为增加催化剂有效表面，使催化剂附着的浮石、硅胶等都是载体。②泛指能够承载其他事物的事物：语言文字是信息的载体。从语义来看，第一种解释主要是从自然科学领域对载体进行概括，第二种解释则是载体的引申意义，是从社会科学领域对载体定义进行的拓展。本书所研究的载体引申为能够承载高校教育内容的各种文化事物。

高校文化育人工作的开展、任务的完成都离不开载体。尤其是在经济全球化、世界多极化和信息网络化的背景下，在社会经济成分和经济利益、社会生活方式和社会组织方式、就业岗位和就业方式日益多样化的情况下，高校文化育人一定要重视载体的选择和运用。

高校文化育人的载体是指在高校文化育人过程中承载和传递教育信息、能为教育主体所操作并与教育对象发生联系的一种方式和外在表现形态。常见的高校文化育人载体有物质载体、制度载体、精神载体、活动载体、网络载体等。高校文化育人的载体并不是固定不变的。随着社会历史条件的不断变化和高等教育的发展，传统的文化育人载体已经不能满足人们日益增长的精神文化需求，于是新的载体应运而生，改变了原本单调的校园生活。高校教师应当保持清醒的头脑、敏锐的观察力，及时注意到新的载体给高校育人工作带来的影响，对教育教学工作做出适时调整，以保证育人效果。

第二节　校园文化育人的要素

文化是一个民族的血脉，是民族和人民的精神家园。文化无形胜有形，人从文化中汲取养分，人同文化的关系就如同鱼和水的关系，互相促进、密不可分，鱼只有离开了水才能体会到水的重要性，文化觉悟就是从这时候开始的。文化会随着社会物质生产的发展而发展，健康向上的文化都是在继承人类文化遗产和社会实践的基础上创造发展起来的。随着人类物质条件的提高，当达到较高的水平时，人们对精神和文化的渴望更为迫切，人们对文化的认识逐渐深化。随着社会的发展，大学和大学校园文化开始引起人们的关注。

一、校园文化育人的重要性

校园文化是学校特有的文化现象，一所学校在长期的教育实践中创造并积淀下来的则是全校师生所认同的价值观念、目标追求和行为方式，一般分为理念层面、制度层面和物质层面：理念层面的校园文化是校园文化的核心，它反映着学校的理想信念和价值追求，是校园文化的精神和灵魂，也是制度文化和物质文化的思想基础；制度层面是校园文化的具体物化，是广大师生员工所公认的或者必须遵循的规章制度和行为准则；物质层面是校园文化的外在表现，通过制度文化规范不断提炼、不断融合，将理念文化展现出来。校园文化是从长期的实践活动中累积的，是大学得以生存和发展的重要根基，是历经自身积淀并具有大学专属特征的一种文化形态，是在对社会文化不断分辨、吸收、汲取的基础上融入大学意志，并以独特观念的形态呈现的文化现象。校园文化是各大学之间互相区别的重要标志，其具有专有性、稳定性、标志性、延续性，是一所高校的灵魂。同时，校园文化作为国家整体文化的重要组成部分，也是一个国家、一个民族整体文化的命脉，是社会文化发展的"指南针"，能真实地折射出社会文化的整体发展进程；它更是社会文化的"助推器"，在参与社会文化的传承、创新、传播、发展过程中扮演着更加重要的角色。

大学是优秀文化传承和思想文化创新的重要组成元素，它承担着引领社会先进文化、推动人类文明进步的重要使命。良好的校园文化，不仅可以增强高等学校德育工作的针对性和实效性，还对培育中国特色社会主义事业的合格建设者和可靠接班人具有重要且深远的意义。

育人作用主要体现在校园文化，不但能使置身其中的广大师生在生活、学习等各方面都得到熏陶和感染，引导他们建立符合时代社会要求的价值观，还可以规范师生的思想和行为方式。首先，与大学日常教学实践活动强调"灌输性"不同，校园文化的教育功能更多表现为它的隐蔽性、人文性、暗示性和渗透性。校园文化能够使人在不知不觉中接受教育，并内化成风尚、习惯、规范，进而带上校园文化的印记。其次，与校园文化的社会性功能和情感性功能相比，育人功能虽然在一定程度上也表现出对学生社会化和个体情感化的关注，但它更多强调的是"文化育人"的精神文化氛围。好的校园文化可以促进学生成长进步，同时，在大学师生的心理意识、行为观念的形成和发展过程中也承担了重要功能，如聚合、导向、娱乐和育人等，其中，育人功能是核心。因为大学以育人为本，育人是大学的最根本功能，是大学的固有属性，也是大学存在的定律，所以若脱离了育人，大学就不能称其为大学。虽然校园文化的其他功能也都表现出育人的特点，但"育人"的要义不只在于让学生掌握一门专业知识和技能，更重要的是在掌握知识的过程中让学生学会做人做事，提升其文明素养和个人修养，做一个全面发展、身心健康的人。

大学的根本使命是培养人才，大学的每一项工作都与人才培养质量密不可分。作为高级人才培养主阵地的高等教育，理应以社会对人才的需求为出发点，探索和构建相应的人才培养模式，促进高校毕业生高质量地充分就业。为构建适合人才培养而形成的校园文化就尤其重要，特别是在大学教育日益普及的今天，繁荣发展校园文化对于我们不断创新的教育模式和优化育人环境势在必行，大力推进素质教育，全面提高学校教育工作的针对性和实效性，将对社会主义建设事业培养和输送高素质人才、推进社会文明进步等方面具有重大意义。我们要充分认识大学校园文化的育人作用，努力建设具有时代特征和富有我国特色的校园文化，不断满足社会经济发展的需要和国家对创新拔尖人才的需要，为不断满足人民群众日益增长的物质文化精神的需求，培养高素质的创新人才。

二、校园文化育人的表现

大学文化是由相关要素关联构成的，其中包括大学理念、大学精神、大学价值追求、大学制度和大学环境在内的一切文化要素，这些构成了校园文化的生态系统。总体上说，校园文化担负着为社会文化建设培养德、智、体、美、劳全面发展人才的历史重任，潜移默化地影响着身处其中的学子们。将这些因素概括起来，无外乎大学校园文化因受不同群体价值取向的内在支配而趋向分散化和多元化。随着社会的进步，大学校园文化的表现形式可以从两个方面进行阐述：一是从精神层面来建设无形文化，二是从行为、物质、制度层面来建设有形文化。具体来说，大学校园文化就是指生活在高校中的教育者、受教育者及行政人员等在长期实践办学中逐步体现出的具有学校特色的物质文明和精神文明。校园文化应当包括优美的校园环境、科学的管理制度、良好的校园风气，以及丰富多彩的文化活动。这就要求一所大学要有整体并合理的科学规划，建设完备的基础设施，包含着蕴含高校精神的人文景观，以及满足广大师生所需的服务设施，并且总结提炼出自身的办学特色、科学的管理制度、浓厚的学术氛围，以及独具特色的校园文化活动。

大学校园文化建设可以说是一项庞大的系统工程，在构成校园文化的物质、制度、行为、精神等多个要素层面上形成自己的文化，已经成为各高校努力探索和追求的目标，也是各高校打造教育品牌、塑造独特形象、形成竞争力的基本途径。

这几种文化之间常常是互相依赖、互相影响、互相制约和相互统一的，它们共同构成了大学校园生态文化。

第三节　校园文化育人的机理

《国家中长期教育改革和发展规划纲要（2010-2020年）》中指出，高校应承担积极推进文化传播、弘扬优秀传统文化、发展先进文化的任务。高等教育作为文化传承的重要组成部分，不仅是文化大发展的重要载体，还是民族文化创新的基地。高校不仅是传承、传播和创造先进文化的重要场所，还承载着为党和国家培养优秀人才的重要使命。因此，大学建设必须牢固树立文化育人的理念，把握文化育人的时代内涵，融合多元文化，深化对文化实践的认识，让良好的校园文化成为学生的价值向导，不断推动其对文化的认识，不断鼓励学生创新实践、继往开来。

一、校园文化的育人内涵

校园文化是大学育人的软实力。校园文化不仅体现在教书育人、传道授业方面，更体现在营造学校的文化氛围、积累文化底蕴使其影响学生的道德修为、精神面貌，进而影响整个社会的道德风尚和文化氛围。在新形势下，社会多元化思潮剧烈冲击着学生的思想与心灵，校园文化育人面临着全新的挑战与机遇，需要对校园文化育人的内涵有更深刻的把握，才能有力地提升校园文化育人的质量与水平。

（一）培育精神文化，实现文化认同

大学的精神文化是大学文化的核心内容，是大学发展历程中积淀下来的宝贵财富，是大学社会声誉的突出体现，更是彰显大学特色的旗帜象征。校园文化在培育大学精神文化的过程中，重在实现凝聚广大师生思想意识的文化认同，使全体师生形成共有的价值观念、理想追求、心理素养、道德修为、思考方式、行为准则等精神层面的价值取向。在多元化思潮的背景下，高校要进一步明确精神文化的内涵、积极宣传文化特色、创立自身的精神文化品牌，以学生喜闻乐见的活动为载体，传播精神文化的育人理念。高校一方面要明确社会主义核心价值观的内涵，将其内化为学校精神文化的一部分，注重校园诚信和学术规范的建设；另一方面要提炼出特色精神文化的精髓，如校训、校歌、校徽、校旗、校史等，将学校的办学理念和特色文化与时代背景相结合，进一步明确学校的发展定位，展现出学校富有朝气的精神文化。

（二）丰富物质文化，实现文化熏陶

高校的物质文化是指为了满足学生学习、生活、成长等方面的需求所创造出的物质产物和文化氛围，物质文化不仅是大学文化的外在体现，还是弘扬精神文化的重要保障。丰富物质文化的目的在于，以优美的文化环境、良好的文化氛围，为学生的成长成才提供物质基础，为精神文化的传承与积淀提供物质载体，为师生学习、生活、工作提供文化熏陶的环境。物质文化体现在学校的建筑风格、基础设施、图书资料、仪器设备、雕塑盆景、地标建筑、广播报刊、网站论坛等各个方面，通过对校园环境、人文景观的建设，让学生感受到学校独特的文化风格，营造独特的校园文化氛围。在新形势下，新媒体在学生群体中的广泛普及，使物质文化外延到网络平台，学校的网络社区、自媒体、网络公共平台作为学校文化氛围的组成部分，承担着更加重要的文化熏陶功能，学校必须注重网络新媒体平台文化的建设，为网络平台的运营提供物质上的支持和保障，更多地深入师生生活，宣传精神文化，使学生在接受网络信息的同时，不断地接受校园文化的熏陶。

（三）建立制度文化，实现文化引导

大学的制度文化是指维系大学运行周转，指导学生行为规范的政策、制度、法律等规则体系。大学的运营，不仅需要坚实的物质基础，还需要严格的制度管理。高校校园文化影响着大学制度的形成，制度的背后是文化，制度是文化的体现；反过来，制度也是传播、创造精神文化的重要保障，要维系一个组织高效、有序、规范地运行，必须有一个合理的制度体系做监督引导。学校的制度文化存在于学校的大学章程、管理规定、仪式活动、教育形式等各个方面，深入学生会、社团、班级、团支部等学生组织，通过对学生行为的规范、制约来正确引导学生的思想思维、行为准则，进而激发学生高尚的情感和道德，养成良好的行为习惯，实现以制度文化育人的目的。在新形势下，学校要围绕精神文化培育的总体目标，进一步加强学校管理法制化、民主化建设，建立依法治校的制度文化，做好学生的文化引导工作。

（四）加强行为文化，实现文化育人

校园行为文化是校园活动主体在实践活动中表现出来的各种行为方式，是学校中各个成员参与教学过程中所实施的各种行为，是一所高校精神风貌、校园文化和办学理念最直接的外在表现。同时，校园行为文化还集中体现了一所高校的校风、学风、干群关系及师生关系。高校行为文化是置身于现代社会文化大背景中的一种具有自身鲜明特色的亚文化，除具有多样性、发展性、传承性等社会文化的一般属性外，还具备先进性、规定性、教化性、辐射性等特征。

高校作为传承文化和创新文化的场所，它的行为决定了传承和创新的理念，而一所高校的办学理念又必然影响其办学行为和教师的教学行为。因此，强化高校行为文化建设，树立良好的高校形象，强化高校教职员工行为文化规范，要求其在各方面做出表率，不断推进高校教学组织工作创新与创优，进而树立高校良好的社会形象。总之，加强校园文化建设，使整个校园文化的形成不仅借助于课外的校园文化活动，还要把握加强人文文化建设的本质，从教学、科研、管理、人才培养等方面的发展，营造全方位的文化育人环境。

（五）改善生态文化，实现文化发展

生态文化建立在人类对可持续发展认同的基础上，是人类历史发展的选择和结果。学校教育的文化观应面对这种新形势，调整教育环境中的各种生态因子和教育对象的生理环境，即建立新的生态文化观。为此，一是要抓好学生生态知识的普及工作，利用校园宣传、网络服务、课堂教育、党团活动、社会实践等形式，开展生态知识普及活动，使学生在学习科学和人文知识时充分认识生态发展的规律，提高对生态发展的理解。二是要充分利用高校科研优势，发展先进的生态文化。高校在理论的探索方面有很大优势，应组织相关人员加强对生态文明相关问题的研究，或从生态发展的角度考虑科技创新，并把理论研究成果或科技成果回馈于社会，直接或间接推进生态文明进程。这对于学生来说，不仅能直接分享教师的研究成果，而且更能切身感受社会对生态文化的认同程度，有利于其生态文化观的形成。

校园环境是校园文化的外在显现，是精神文化的载体。良好的校园布局、建筑风格、绿化美化，以及环境中蕴含的人文气息，是无声的育人方式，对陶冶情操、启迪智慧、积淀高雅的校园文化有着潜移默化的影响。为此，高校要充分发挥自己的优势，使校园物质设施成为表现和传递文化的物质载体。建筑群体及其环境要整体和谐、功能合理、简洁明快，充分体现人与自然的和谐统一。而且要赋予校园内包括楼堂馆所、花草树木等在内的建筑、设施和环境以丰富的文化内涵，使校园的每个角落都充满大学的历史荣誉、不俗的意志品格和高等学府特有的庄严、肃穆和凝重，处处展现出现代大学的科学、文明和进步，充分发挥校园环境使人陶冶情操、修身养性之功能。

二、校园文化的育人维度

大学是知识和文化传播的殿堂，推动着我国知识经济的形成和发展，肩负着为我国社会主义现代化建设培养德才兼备全面发展人才的重任。高校校园文化一方面指引着人的全面发展，同时又给他们提供巨大的舞台促进其发展。另一方面高校校园文化是在各类积极意义的文化基础之上融汇而成的。大学校园个体能够根据社会的发展要求，顺应时代发展的主旋律，根据整体的教学目标，确立一定的价值目标体系和行为方式，形成一定的文化氛围，对校园个体起到一定的指引和熏陶作用。大学生可以在这样的条件下，选择适合自己的价值目标、生活方式，从而塑造自身的人格；反过来，校园个体是高校校园文化的创造者、参与者和享受者，他们能够根据自己的兴趣、特长和需求，通过参加各类丰富多彩的校园文化活动，发现自己、证明自己、塑造自己，从而完善和发展自己。大学为学生的全面发展提供了一个巨大的舞台。高校校园文化是一种高层次的文化，它有着多层次的内容，因此，校园文化的育人维度也是多方面的。

（一）塑造品格

从物质文化建设方面来说，学校的教室、文化娱乐场所、实验室和宿舍等各类场所都是为校园个体服务的，都是为实现教育这个根本目标而服务的，充分体现了其教育服务功能。如学校的图书馆，它是知识的宝库、智慧的殿堂，馆舍环境优雅，有利于师生读书。一些国内知名院校的雕塑、极具特色的校园纪念馆、名人故居等都体现了这些院校的历史文化传统、教育目标和成就，无不激励着后人要不断地向前辈们学习，以创造更加光辉的成绩。

从精神文化建设方面来说，学校的各项管理规章制度，以及校风、学风建设等教育作用更显而易见、更直接、更深刻。学校的各项管理规章制度是学校进行办学的有力保证，它规定了学生在学习和生活的各个方面和各个环节的要求。这些管理规章制度蕴含了学校的教育制度文化。如果说学校的各项规章制度是有形的力量，那么校风和学风就是一种无形的力量。校风和学风一旦形成，对每一个校园个体都会起到一定的导向、约束和激励的作用，这是一种无形的教育工作和教育力量。

（二）思想修养

首先，思想引领表现在陶冶学生的情操方面。优美的校园环境、如诗如画的校园风光、布局合理的校舍建筑、积极健康的教育教学设施、整齐干净的道路等，无一例外地将带给学生以巨大的精神力量。学生在良好的校园文化的感染和熏陶下，由美生爱，从而产生热爱母校、热爱家乡、热爱祖国的优良品德；学生在优美幽静的环境下学习，舒心怡神，有利于增强他们的环境保护意识；积极健康的校园文化对低俗腐朽的消极文化也有很好的抵制作用，从而帮助学生形成良好的世界观、人生观和价值观。

其次，思想引领表现为培养学生的集体意识和团结合作的精神。校园文化是以学校为单位的，学校是一个集体，这就要求学生要注重学校的集体形象，要正确地处理好集体利益和个人利益的关系，坚持集体主义原则，重视彼此间的相互协作，不然就会受到来自集体的人际压力。无论是自身发展的需要还是外部环境的压力，都要求学生要正确地处理好个人和集体之间的关系，牢固树立集体意识和团结协作的精神。反过来，一个团结友好的集体也会使学生感到温暖，深刻意识到集体力量的强大，从而树立起集体主义的思想和观念。

最后，思想引领表现为培养学生的健康个性和健康心理。青年学生都追求多姿多彩的精神生活，并且每个人的业余爱好是不同的。校园文化的内容是丰富多彩的，这就满足了学生精神需求的多样化和个性化，避免了单一化的倾向。同时也有助于那些个性突出的学生找到适合自身的精神生活，并在其中看到自己的价值，激发自身的主动性和积极性，树立一个积极健康的自我形象。丰富多彩的校园文化有利于培养学生的心理适应能力。学生在优美的校园环境中，能够放松心情，有利于增强他们的进取心。丰富多彩的校园文化活动还可以扩大学生的交际圈，帮助那些孤僻内向的学生打开心灵之窗，找到知心朋友。学生沉浸在欢乐的校园文化活动中，可以忘却那些不愉快的事情，进而帮助学生培养健康的心理。

（三）行为规范

置身于校园文化中的师生不仅受到了文化感染、熏陶和教育，而且其思想观念、价值判断、道德行为也会受到校园文化的规范和制约。这种规范和约束是通过学校长期以来形成的制度文化、共同认同的道德规范。以及优良的精神文化传统来影响个体，对师生员工的行为产生广泛的约束力。学校健全的规章制度，以及在此基础上形成的校园制度文化都是规范大学生行为的外力，而校园中的集体舆论、道德规范则是大学生彼此约束的内力。学校严格的规章制度和健康的集体舆论对学生的言谈举止具有规范导向作用。当学生的某些言谈举止不符合学校的规章制度和集体舆论的要求时，学生便会进行自我调节和矫正，从而尽快地修正自己。

此外，教师作为与学生接触最多的大学主体及教育主体，他们遵守的行为准则、职业道德，对大学校园具有重要的示范作用，不仅是学生学习的榜样，也是一所大学有效运行、不断发展的保证。良好的校园文化所包含的学校优良传统和文明习惯，对师生的良好行为习惯的养成起着促进作用。

（四）实践教育

对于学生来讲，大学是他们生理、智力发展的黄金时期，是他们获得独立于社会能力、取得社会活动资格的极为重要的阶段。能力培养功能主要是指培养学生适应社会的各种能力的功能，帮助他们学会各种适应社会生存的规范、知识、能力及生活方式等，从而使各方面得到协调发展，与社会之间达成一种平衡有序的稳定状态。

首先，高校校园文化能够帮助青年学生掌握适应社会的各种知识技能。为了进一步达到素质教育的要求，我国很多高校相继进行了一系列的课程体系改革，突破了以往狭隘的学科局限性，开阔了学生的理论视野，培养学生以多维视野去观察社会中复杂多变问题的能力。最重要的是，理论与实践有机地结合起来，真正做到理论联系实际，帮助学生理解、掌握并且学会运用知识。只有通过实践，学生才能够切身体会到教师在课堂上所讲的许多道理。在这些活动中，青年学生可以逐渐提升自我管理的能力，也可以增强其自主、自立、自信和自强的意识，提高其独立生活的能力和进行社会活动的能力，改变了以往学生只与书本打交道的状况，为他们将来走向工作岗位打下了良好的基础。

其次，高校校园文化可以帮助青年学生掌握社会行为规范。大学生在走向社会、走向工作岗位之前，必须努力让自己学会特定角色的社会行为规范，只有这样，才能尽可能地缩短社会适应期，而要掌握特定角色的社会行为规范，就要真正地践行这个特定社会角色。在大学校园开展丰富多彩的校园文化活动，使青年学生在其中"演习"如何适应社会，并且逐渐认同并践行该社会角色的行为规范和价值理念。在校园文化活动中，青年学生通过演绎不同的社会角色，逐渐积累各种不同的经验，对他们将来担当起正式的社会角色起着非常重要的作用。在校园文化活动中，学生可以充分认识自己可能的前景，并且设计自己所期望的人格特征。与此同时，青年学生之间还可以相互监督和相互促进，这对他们掌握社会行为规范方面有着极其重要的作用。

最后，高校校园文化可以帮助青年学生把个性发展和时代使命联系起来，将时代使命内化为自我意识。大学在培养学生创新精神的同时，还应当关注学生个性的发展，也就是要处理好学生的个性发展和社会责任之间的关系。青年学生处于大学阶段，其生理、心理都有自己的特点。大学阶段是青年学生成长的关键时期，是他们人生观和价值观确立并且稳定的关键阶段。高校校园文化的培养目标具有明确的指向性，使大学生能够按照社会的要求去认识自己和发展自己，使他们能够更加理解将来所从事行业的社会意义，增强他们的社会责任感，在心理和行为上与所处的社会氛围达成一定程度的和谐平衡，从而使其更加清醒地认识历史使命和现实责任。青年学生能够把自身的个性发展与整个社会及所处的时代要求统一起来，这是多方面努力的结果，但毋庸置疑的是，校园文化在其中起到了不可替代的作用。

三、校园文化的育人途径

校园文化不仅是课堂教学的必要补充和延伸，而且是坚持用社会主义思想占领学校思想文化阵地的重要形式。从一定意义上说，校园文化对于学生素质的形成和提高、促进学生健康成长具有潜移默化的影响。因此，大力加强校园文化建设，积极拓展校园文化建设的渠道和途径，充分发挥校园文化的育人功能，努力把学生培育成为有理想、有道德、有文化、有纪律的德、智、体、美、劳等全面发展的社会主义事业建设者和接班人，是加强高校校园文化建设的根本出发点和落脚点。鉴于校园文化建设是一项系统工程，它的丰富内涵和鲜明特点决定了其育人途径的多样性，从以往的实践经验来看，育人途径主要表现为以下四个方面。

（一）实践化人

参与实践是文化"化人"的最佳途径。大学校园文化的"化人"功能得以实现的关键一步是大学生将内化了的先进思想外化为积极的行为，只有将"外化"实现，才能真正实现"化人"的效果。参与社会实践是大学培养人才的重要环节，鼓励学生亲自参与实践活动是实现文化育人的最佳途径。

参加大学校园内的实践活动。大学校园内的文化活动多姿多彩，如大学生艺术节、文化周、运动会、篮球赛、英语演讲赛等，学生可以根据自己的兴趣来参与活动，挖掘自己潜在的才华。参与校园内的文化活动，不仅能丰富学生的课余生活，提升学生的文化活动层次，而且更是大学生自我教育、自我成长的良好途径，其能不断完善大学生的人格，有助于大学生正确价值观的形成，有利于文化育人产生实效，促进学生全面健康成长。

参加校园外的社会实践活动。大学生不仅要读万卷书，更要行万里路，走出校园参加社会实践活动，可以认识社会、接触实际，通过直接参加生产劳动，可以锻炼实际操作能力和协作的能力，在实践中成长。例如，大学寒暑假的社会实践、"三下乡"等活动，为学生提供了良好的锻炼机会，是学生了解社会的平台，能满足学生锻炼自我、提升自我需求、实现自我认可。志愿者服务活动是文化育人的重要途径，也是对大学生进行思想教育的新方式，是实现文化"化人"的有效载体，大学生志愿服务工作已成为文化育人工作中不可或缺的重要环节。

（二）优化校园物质文化环境

高校要创建形象美、寓意深的校园物质文化，就要善于发挥好管理者、教育者、学习者的积极性，并组织好、协调好学校各方面的力量。这是因为美好的校园物质文化可对人产生持久的、潜移默化的教育影响，能引起人们思想感情、审美观念的变化，特别是师生自己动手美化的校园，更值得人们爱护与珍惜，这是教育中最微妙的要素之一。

一是树立好校园标志性建筑。校园标志性建筑可展示高校的办学历史和办学理念，体现师生文化观念和审美追求，它是校园建筑布局的灵魂，也最能表现一所高校的人文关怀和科学精神。校园标志物的建设目的是增强师生对学校的归属感、认同感，大学在标志物创设过程中，可以运用视觉设计的手段，通过特定的造型、色彩、内容等设计将学校的办学思想、精神理念、管理特色等融入其中，形成标志性的校园文化。

二是做好校园内部环境的规划。突出特色和美感是校园环境建设的基本要求，校园整体环境设计要力求与学校已有建筑的风格相一致，与校园的自然和人文特色相协调。对校园教学区、科研区及生活区等不同功能区域要进行统一规划设计。校园建筑群要根据师生具体的活动需要进行合理布局，体现了鲜明的层次性和对人的满足，目的是形成不同校园主体、不同学科之间的互相交流与高效发展的和谐氛围。为了便于大学师生的工作、学习和生活，各功能区域在保持适当距离基础上，既要相对集中，又要避免相互干扰。校园内主干道的修建要充分考虑人、车流量，既要保证安全，又要避免给师生工作、生活带来不良影响。如，哈佛大学的庭院：参差交错的林荫，纵横交错的小路，穿行在其中的师生彼此会在小路上邂逅，来去匆匆于绿荫下，在享受着校园风景乐趣的同时，也可共享信息。

（三）强化校园制度文化育人功能

制度文化是一种对师生生活、工作和行为举止具有规范作用的文化，集中体现为学校的规章制度。校园制度文化不仅规定了学校全体师生员工在教学科研管理中应遵守的基本行为准则，而且在一定程度上也体现了一所学校的办学宗旨和办学特色。它能够通过一定的手段对校园人的思想进行引导，促进师生更好地发展进步。校园制度文化既体现了制度本身所具有的丰富的育人价值，也发挥着校园文化应有的育人功能。

1.注重制度文化的人本性

大学校园制度文化育人的关键是要加强学校各种制度的科学化和人性化，充分尊重大学师生的主体性和自主性，实现全员、全过程、全方位的育人目标，从而使制度文化有效地满足人的全面发展。树立"以人为本"的管理理念。"人本"管理要求学生管理的过程要富有弹性，而不是用硬性的规则限制学生的个性发展，忽视学生对于实现自身发展的个性诉求。要坚信大学生是能够独立自主地把握自己命运的人，他们应该获得学习的自主和自由，因此，制度文化建设一方面要关注自身的权威性，做到校园主体的各项实践活动都有章可循，即树立依法治校的理念，保证学校管理运行的高效性；另一方面要突出对师生的人文关怀，维护师生自主、自由工作学习和生活实践的权利，促进师生的全面发展。

2.注重校园文化制度创新

发挥校园制度文化的育人作用，应该坚持校园制度体系的不断创新。高校制度文化必须坚持与时俱进，不断完善和创新。促进校园制度文化创新，要加强大学校园与社会的联系。这是因为校园文化是社会文化的重要组成部分，而且随着高等教育大众化的不断发展，大学越来越成为社会文化的中心。校园文化要继续保持对社会文化的引领，就不应脱离社会，而应当与社会保持接触，并以自己的实力和声望对重大而紧迫的社会问题、社会现象进行研究，进而对社会可能采取的行动与对策产生影响，同时获得与自身发展变革相关的信息，以便对社会的变化做出及时的反应，并在与社会其他文化的相互碰撞、相互影响中保持独立性、先进性和科学性。

（四）示范引领大学生行为规范

促进大学生成长成才是大学最直接、最根本的目标。高校必须通过有效的示范引领，影响大学生的思想和行为，以促使在校大学生的成长与进步。

第一，注重发挥教师的示范作用。高校教师是校园文化最重要的行为主体之一，其行为直接体现了校园文化的育人功能。教师对学生的引导、榜样、示范作用影响着校园的行为文化，校园行为文化正是通过教师的言传身教、行为示范达到教育的"不为而成"。清华大学原校长梅贻琦除了著名的"大师论"外，在总结清华建校25年的进展时曾说："师资为大学第一要素，吾人知之甚切，故亦图之至亟也。"大学教师的治学严谨态度、专业素质修养和高尚人格魅力都能够通过言传身教传递给学生。教师在传授知识的同时，他们的世界观、人生观、价值观也会深深地影响学生，对学生树立积极的人生理念和个性品质有着重要的导向作用。要发挥教师的示范作用，就要全面提高教师素质，加强教师师德建设。一个高素质的教师，除了需要具备广博的知识，更主要的是具备高尚的思想道德素质。在教育实践中，身教重于言教，精神面貌、道德品质和举止言谈都影响着学生的精神状态、道德观念和行为习惯。"学高为师，身正为范"，教师的教书和育人相辅相成，对大学生的素质养成同等重要，而德育不仅是教师的工作任务，更应是所有教育工作者的自觉行为。

第二，建设高校网络文化活动主阵地。网站主阵地是高校校园网络文化的有效载体，是对大学生进行思想教育的重要场所，也可以对文化育人起到示范作用。高校网站阵地建设既要有主题网站建设，也要有思想教育、政治教育等网站，学生社团、学生组织等网站，以及学生就业、学生服务等网站建设。此外，针对大学生热衷于社会时政热点及其好奇心强和求知欲较强的特点，也要建设相应的满足大学生需求的网站，既可以是专题形式的网站，如学校重要举措工作网站等，也可以是综合性的网站，如校园 BBS 网页论坛等。

第四节　校园文化育人的现状与对策

一、高校文化育人的现状

（一）教育主体认识到文化在高等教育中的重要性

在我国汉语体系中，文化的本义就是"以文教化"，即对人的性情的陶冶、品德的教养。在知识经济时代，我国高校更多的是根据知识传递、知识创造和知识应用的逻辑来培养大学生，而文化育人的功能得不到重视。英国哲学家怀特海曾说："我们要造就的是既有文化又掌握专门知识的人才。专业知识为他们奠定起步的基础，而文化则像哲学和艺术一样，将他们引向深奥高远之境"。因此，文化离开了知识，就像树木丢了根；知识离开了文化，就像船丢了舵。从浅层次看，文化育人是对人品、素质的培养；从深层次看，文化育人是对文化的传承与发展。

受市场经济的影响，高校在对学生进行教育时要注重他们全面发展。不仅要向他们传授科学知识、专业技能，还要向其传输思想观念、道德规范，以促使他们全面提高。要达到这样的效果，就离不开文化。高校文化育人在于帮助学生学会做事的同时学会做人，指引学生正确处理与他人、自然、社会之间的关系。其实，早在20世纪40年代，梁思成就呼吁教育走出"半个人的时代"，但当时的高校教育人文精神有些落后。

（二）育人过程尊重教育对象的主体意识增强

高校文化需要有人文、科学、开拓、奋斗的精神，以人为本的理念作为高校文化的精髓，体现着强烈的人文精神。高校师生是学校教育的主体，高校的教学、科研、管理和服务要始终围绕着师生进行。高校校园文化要以促进人的全面自由发展为目标，体现出人文关怀和道德情感，将教育同人的自由公正、尊严幸福、终极价值紧密结合起来，坚持以人为本。新时期，国家对高等教育更加重视，为高校拓展了经费渠道，完善了教学设备，扩大了高校办学规模，美化了校园环境。在重视硬件建设的同时，高校认识到了校园"软实力"在育人中的作用。高校的一切办学活动的目的是培养学生成人成才，因此高校在文化育人过程中必须以人为本。高校文化建设的各个环节都在强调将以人为本落到实处，充分尊重广大师生在教育中的主体地位，始终围绕着培养人和发展人这个核心来开展工作。北京大学的王义遒曾把学校文化环境概括为四个字"文、雅、序、活"，其中"文"体现为知识。为了使学生置身于校园中可以随时学到知识，北京大学的教室、图书馆和实验室乃至学校的花草树木、名胜景观、历史文物、道路宿舍等都有文字说明。除了北京大学的学子外，任何去北京大学观光的人只要进入校园就能感受到一种科学与人文气息的熏陶。学分制在我国高校的普遍实施也是以人为本的一种很好的体现。学分制的优势是有利于学生在教育教学中主体性的提高，有利于教学资源的有效利用，有利于教师改革教学、管理者改进服务。同时，在师生关系上进一步明确了学生是主体的理念，并关注到对学生的限制太多反而容易消磨学生的积极性，不利于培养出杰出的人才。

（三）高校文化育人的途径多样化

高校是社会的一个缩影，它也反映着社会环境的变化。在传统学年制条件下，学生步调一致，在课堂上接受着教学管理和集体主义教育。相较传统课堂教学，课外教学在时间与空间上更加开阔、教育形式更加多样、教育内容更加丰富，在培养大学生成才方面也有一定优势。新时期，高校的文化育人工作可以通过组织开展各种文化活动，调动广大师生的参与积极性，寓教于乐，在活动中实现育人的目的。比如，开展大学生科技文化艺术节、歌咏比赛、辩论赛、演讲比赛、书画摄影展、文娱体育赛事等。

目前，高校课外活动的组织大多是由学生社团来负责的，呈现出社团化的特点。可见高校社团文化在育人方面发挥了重要作用。

高校文化育人应该以一切可以利用的资源进行，不能仅局限于课本知识和校内资源。红色文化资源的开发和利用可以丰富高校文化的内容，收获更好的文化育人效果。

二、校园文化育人的对策

（一）创新高校文化育人的理念

1.内容上重视优秀传统文化的德育功能

习近平总书记多次强调传统文化的重要性，要重视中华传统文化研究，继承和发扬中华优秀传统文化。实现中华民族伟大复兴的中国梦，必须有中国精神，而中国精神必须在坚持社会主义核心价值体系的前提下，积极深入中华民族历久弥新的精神世界，把长期以来我们民族形成的积极向上、向善的思想文化充分继承和弘扬起来。优秀传统文化中的天下为公的爱国精神、推己及人的仁爱精神、兼容并蓄的包容精神、自强不息的进取精神、笃学致用的求真精神、与时偕行的创新精神，涉及中华民族的风俗习惯、道德情操、思想价值观念、礼仪制度和行为方式等。这些优秀的传统文化与高校其他层面的文化一起优化着校园德育环境，能使身处其中的师生在自觉与不自觉中受到道德教育，形成正确的思维方式和行为方式。高校文化育人最主要的目的是立德树人，为国家培育德才兼备的优秀人才。因此，我们需要努力发掘中华优秀传统文化中的德育资源，形成文化育人的机制，提高高校文化育人的实效性。

2.目标上重视创新型人才的培养

有文化底蕴的高校能够最大限度地教育人，它不是以培养考试能手为目标，而是以培养具有创新能力的人才为己任。因此，在高校的文化育人工作中，教育者要提高认识、转变观念，充分认识到高校文化对培养创新型人才的重要作用。创新型人才的培养离不开素质教育，而学校教育要体现出素质教育观，就要把知识传授与能力培养结合在一起。在学生平时的理论知识学习和研究过程中，鼓励他们自我强化创造性意识、创造性思维和解决问题的态度；要鼓励他们不断摸索创新能力培养的途径，即充分体验知识积累、悟性、感知、习惯、实践的能力。爱因斯坦曾说："用专业知识教育人是不够的。通过专业教育，他可以成为一种有用的机器，但是不能成为一个和谐发展的人。"创新需要经济、文化、社会等要素共同作用，对创新型人才的培养需要做到专业教育与人文教育的统一，从经济学、社会学、心理学等多学科入手，使创新型人才达到智力结构与品质结构的完美结合。

为了培养出具有崇高理想、优良品德、丰富知识、过硬技术的创新型人才，高校应做到育人观念的思想大解放，鼓励学生进行个性化发展，树立终身学习和系统培养观念，改变考的分数高就是好学生、拿的证书多就是能力强的观点，不以标准化的模式来衡量教学质量，把促进人的创新能力、全面发展及适应社会需要作为衡量人才培养水平的根本标准。另外，高校在文化育人中要以培养学生的健全人格为主线，以不同阶段大学生的认知能力和身心特点为依据，构建全面系统的文化育人体系，做到课堂教学与课外活动有机结合，发挥教师在理论知识传授中的作用，主动挖掘学科知识中所隐含的有关健全人格的教育资源，使学生在发展创新能力的同时，人格也能得到塑造。

3. 途径上重视对自由学术氛围的营造

在教学科研管理上，我国高校倡导自由的学术氛围，鼓励师生解放思想、大胆探索、勇于创新。自由的学术氛围是高校生命力和精神的体现，可以为师生发展思想、扩展思维及教学、科研活动提供良好的环境。营造自由的学术氛围的根本目的在于为师生提供一个民主、宽松的学术环境，鼓励师生勇于追求真理，对事物进行理性的判断和实事求是的分析。

学术氛围作为校园精神层面的一种文化，指的是校园人在开展学术活动的过程中所形成的相对稳定和持久的并能被人们感受到的一种氛围。高校的文化育人要做到以人为本，充分尊重学生的主体意识。无论教师还是学生，都要以学生的需求为出发点，给予他们充分的自由。因为人是能动的，他们需要与校园环境产生一种互动。在学术领域里实现"百花齐放，百家争鸣"的局面，需要做到学术面前人人平等，鼓励师生进行交流。要让教师在教学中自由地发表言论，自主地进行科学研究；让学生可以自由地选课、选教师，能够在知识的海洋里尽情地遨游。

（二）丰富高校文化育人的内涵

1.改进物质文化育人

强化高校的物质文化建设，营造良好的校园文化育人环境，强调"借山光以悦人性，假湖水以静心情"的效果。这就要求建设物质文化的过程中使校园内的每一种物化的东西都能体现高校的精神和特色，都能起到教育师生的作用。苏霍姆林斯基曾说："我们在努力做到，使学校的墙壁也说话。"这里所提到的墙壁是具有教育作用的环境建设的有关组成部分，属于校园文化的一部分。为了更好地发挥物质文化的育人作用，要对其进行总体规划、分区建设、分步实施。

首先，要从教育、艺术的角度，根据高校的特点，挖掘高校的历史文化内涵，对高校的建筑、设施、园区、道路等进行整体规划、合理布局，使之既有教育价值，又有审美价值。校园中建筑的造型、风格、色彩，以及道路、广场、雕塑、路灯等都要讲究整体和谐与审美情趣。如果没有统筹安排，每建一栋楼、一个景点随意选一个位置，就会破坏整个校园的和谐美，降低高校文化的品位。例如，要在宿舍园区内建一座名人雕塑，若建在食堂门口就显得极不协调，无论是为满足食欲走进食堂之前，还是饭饱之后走出食堂，学生都不会在这里驻足欣赏雕塑，反而浪费了这一育人载体。如果将雕塑建在园区一个优美的花坛附近，当学生散步时在此停留片刻，在欣赏雕塑的同时还能起到很好的教育作用。

其次，要从方便师生学习、生活及相互之间联系的角度出发，把功能相同或相似的区域建在一起。不同的区域有不同的功能，要分工明确、划分清楚。例如，教学区是广大师生进行学习的地方，需要营造一种安静的学习氛围。如果将教学区与生活区或活动区混杂在一起，就会相互干扰、破坏学习环境、影响师生的工作和学习。

最后，利用物质文化进行育人时，要分步进行，不可急功近利。滴水穿石，非一日之功。历史较短、文化底蕴不深的新建高校虽然缺乏历史遗留下来的名胜古迹，但可以从教育视角精心设计一些富有文化特征的人文景点，使之在潜移默化中转化为校园人特有的内在气质。例如，可以采用建立校史陈列室的方式，把学校成长和发展过程中所获得的有关荣誉收集起来放在一起，对学生进行集体主义教育。

2. 推动制度文化育人

大学校园文化的制度育人是以学生的全面发展为目标，遵循学生身心发展规律，制定科学、公正的校园文化制度。在制度的制定、实施过程中使教育主体认识到制度是重要的育人资源，通过建构良好的校园文化育人制度，形成和谐的制度化生活方式，提升大学校园文化的育人功能。高校的文化育人需要在一定的制度规范下展开，它本身就是一种制度性的育人活动，应包含积极的教育价值，为人服务，实现校园人的幸福生活，这是制度育人得以存在的理论基础。

高校制度文化按照不同的标准可以划分为不同的种类。按照制度文化的内容，可以将制度文化划分为行政工作制度、德育工作制度、教学工作制度、体育卫生制度、后勤管理制度等。这些制度文化具有价值引导、行为规范、目标激励、精神陶冶、自我教育等功能，对学生的世界观、人生观、价值观起到了润物无声的作用。具体到每所高校都会有自己的教学科研制度、实验室管理条例、宿舍管理条例、奖学金评定制度、毕业论文规范等，对这些规范条例的遵守过程实际上也是一种接受教育的过程。拿奖学金评定制度来说，文本的规范让大家明白不是所有学生都可以随便评奖、评优，这个评选过程需要达到学校对优秀学生的各项要求标准，旷课、考试作弊、不尊重教师的学生是不符合评奖评优条件的。对于大部分学生来说，为了达到这个标准而严格要求自己的过程实际上就是一个自我教育的过程。为了使制度文化的育人特征更加明显，制度的构建过程需要融入立德树人等育人内涵。可以说，制度育人的最高境界是将有目的、有计划、有组织的制度化过程转化为学校全体成员的日常生活方式，将各项规章制度内化为指导人们学习生活的价值观念。

3. 深化精神文化育人

精神文化是一所高校本质特征、精神面貌的集中反映，是师生共同理想、共同信念、共同意志、职业理想、职业行为的综合体现，它可以浸透到校园文化的行为主体和各种文化载体中。一所高校要有自己的文化信仰，要有适应外部环境变化的能力，更要有开拓创新的校园精神。优良的高校精神文化体现在良好的校风、浓厚的学术氛围及师生之间、干群之间和谐的人际关系上，同时会对高校育人产生广泛而深远的影响。

发挥高校精神文化育人功能，首先，要通过良好的校风来育人。通过校风可以感受到一所高校的文化风采，在校风的培育中要做到领导勤勤恳恳、踏踏实实，教师循循善诱、言传身教，学生勤奋好学、善于探索，使整个学校教学秩序井然，活动丰富多彩。其次，要通过良好的文化氛围来育人。努力把校园建设成为大学生立志成才、报效祖国的精神家园和勇于担当文化强国建设使命人才的摇篮。要大力培养大学生对中华民族文化有"自知之明"的认知能力，不断提升大学生对社会主义文化秉持"与时俱进"的创造能力，使他们感觉到自己在高校文化育人中的主体地位，从内心真正认同高校文化。最后，要通过和谐的人际关系来育人。身在校园中就不可避免地要与人打交道，课堂上要与教师相处，宿舍内要与舍友交流，工作中要与领导沟通。校园内良好的人际关系可以让成员在一个轻松自在的环境中与他人交流协作、加深感情、提高效率，产生事半功倍的育人效果。因此，要努力营造一个充满真挚、和谐、平等、友谊，令人轻松自然、心情舒畅的人际关系环境。

4. 强化活动文化育人

高校活动文化是高校精神风貌和人际关系等的真实体现。这种在高校的日常生活中可以直接感受到的文化形态也是高校价值观的反映，对高校文化的育人工作起着重要作用，对培养学生的高尚情操、挖掘学生个人潜能、提高学生综合素质也起着重要作用。

高校文化育人工作的一种重要形式就是以活动为载体，通过组织开展各种文化活动，寓教于乐。以往的活动主要是经验型的，对活动方式的运用主要局限于文体活动及学习英雄模范人物等。随着高校活动文化建设的发展，校园开展的活动日趋增多，内容更加丰富，形式也更加多样化。

在学习方面，经常开展读书报告会、辩论会等，促进了学生之间的交流，也提高了他们的学习积极性；在实践活动方面，高校为学生提供了锻炼的平台，如开展支教活动、志愿者服务活动等，不仅强化了大学生的责任意识和奉献精神，还使他们树立了正确的人生观和价值观。总之，做好活动文化育人工作，要充分考虑广大师生的需求，将其与高校的培养目标始终结合在一起，开展丰富多彩的文化活动，全面落实以人为本的理念，推动学生的全面发展。

5. 规范网络文化育人

在当今社会，信息传播的手段呈现出现代化和大众化的特征，学生获得知识的手段已不再局限于课堂和书本，还可以来自网络的方方面面。高校可以采取多种形式把课堂延伸到网络，并及时把社会的主流思想引入网络教育。

在网络文化育人中，要做到科学性与价值性相统一。弘扬社会主义核心价值观，做好思想教育工作，为建设中国特色社会主义服务是网络文化育人最基本的政治属性。网络文化育人要在尊重个性差异的基础上，坚持用社会主义意识形态引领网络领域价值取向，引导人们的思想观念既符合规律又符合目的地发展，形成良好的网络信息素养，从而不断提高育人水平。同时，要加强校园网络文化的管理工作，严格制定高校网络行为准则，让大学生认识到网络世界虽是自由的，但也有法可依。

在网络文化育人中，要不断拓展新平台。结合网络覆盖面广、传播快、图文并茂等优势，运用QQ、微信、微博、抖音等平台，借助文化网站、视频课件、电子期刊等进行知识传播和理论宣讲，丰富网络文化育人方式，增强感染力和吸引力，扩大高校文化育人的辐射面。充分利用移动通信技术，经常关注学生的微信、微博等，以了解学生的最新状态，拉近与学生之间的距离。通过QQ、微信进行交流沟通、发送学院的相关通知。这样既可以提高教育者的工作效率，又可以使学生在宽松的状态下受到教育。通过校园内的摄影、成像等科技方式，营造学校全体师生一起进行文化互动的氛围。当然，大学生必须正确认识网络文化，适当使用网络，切忌沉溺网络而不能自拔。

（三）完善高校文化育人的机制

1.优化管理机制

高等教育管理体制主要包括高等教育领导体制、办学体制、教学体制、高校内部管理体制等。这里从内部管理体制出发对如何优化高校的管理体制进行分析。

一是进一步完善党委领导下的校长负责制，准确界定"领导"和"负责"的含义，明确办学的政治方向和高校重大问题由党委集体决策。高校文化育人的责任重大，而且影响高校文化的内外因素越来越复杂，单靠个人或少数人的知识、能力和精力难以完成，实行党委领导下的校长负责制有利于形成强大的合力，保障决策的合理和落实。

二是加强教授治学、民主管理。就高校内部管理制度而言，要加强学术委员会的建设，设立以教授为主体的各类委员会。通过实行民主管理，发挥教授在高校治学中的作用，有利于形成自由民主的学术氛围，而学术氛围作为精神层面的高校文化，在育人中发挥着重要作用。

三是扩大高校办学自主权。政府拥有财产所有权，但不直接参与办学，高校可以在适应社会发展的基础上，根据自己的实际需求进行教育教学。

2. 完善保障机制

制度建设是高校文化育人工作的重要保障。通过建章立制，把正确的政治方向和舆论导向体现在校园文化育人的各个方面，进一步加强对校园舆论、网络、刊物、课堂、社团等的监督，落实到人，坚持守土有责、守土有方、守土有效。近年来，高校修订了一系列与文化育人相关的规章制度，其中就包括校园文化建设、师德建设、学生管理等方面的规章制度。当然，仅有规章制度而没有执行规章制度的组织机构，高校正常的工作秩序同样无法保证。因此，在健全各种规章制度的基础上，还需完善组织机构，才能统一思想、统一行动，保障高校文化教育活动有效开展。

高校文化育人贵在坚持、常抓不懈。要把高校文化育人作为高校教育的必修课，落实到日常的工作、学习和生活中，开展多种形式的高校文化育人评比活动。通过检查评比活动，高校应对文化教育做得好的单位和个人给予表彰和奖励，以进一步调动其积极性。通过检查评比也可以发现高校文化育人过程中存在的问题与不足，有助于及时采取可行的措施加以改进，推动高校文化育人沿着正确方向发展。

高校文化育人工作是一项复杂的工程，需要投入一定的人力、物力、财力来实现，否则其效果会大受影响。高校的领导要从培养社会主义事业的建设者和接班人的高度，把高校文化育人纳入高校整体办学规划，保障经费的投入。同时，可以通过争取社会企业赞助、校友赞助等办法来拓展资金投入渠道。

3. 加强协作机制

协作是指为了实现共同的目标，部门与部门之间、个人与个人之间的协调与配合。协作应该是多方面的、广泛的，一般包括校内协作、校际协作、校企协作。

（1）校内协作

高校文化育人是一项复杂的系统工程，涉及高校的各个方面。它不是高校内部哪一个或者哪几个部门单独能完成的，更不像有些高校仅凭学生管理和思想教育部门的努力就能做好的。任何孤军奋战的做法都不利于高校文化育人功能的发挥。因此，高校文化育人必须在高校党委、行政的统一领导下，调动高校各方面的力量，使党、政、工、学、团，齐抓共管、齐心协力。

文化的主要功能在于"育人"，而高校文化的育人功能是将高校教育视野从智力领域拓展到非智力领域，致力于学生德、智、体、美、劳的全面发展，这个过程就需要高校各职能部门及工会、团委的相互协作来完成。课堂文化对学生的影响需要教师的监督；活动文化对学生的锻炼需要校团委的组织；宿舍文化对学生的熏陶需要后勤部门的参与。为了实现高校的教育目标，各个部门或者个人要有全局观念，主动做好协作配合。

（2）校际协作

校际协作往往是通过高校联动开展教研活动，将原本各自独立的教研活动变成一个整体，使教学研究有同伴、有参照体系。高校开展校际协作可以实现各校的文化资源共享、优势互补，有利于相互分享文化育人经验，拓展文化育人思路，培养具有健全人格的学生。校际协作也可以拉近各高校之间的距离、强化教师之间的交流、实现高等教育的和谐发展。

（3）校企协作

目前，校企合作的内容和形式主要有以下几种：

①联合建立研究开发机构。目前主要有两种：一是产业和行业部门在大学投资建立的、旨在全行业技术进步提供技术储备的"研究中心"。如"天津大学国家工业结晶技术研究推广中心"。二是由高校出人力和设备，由企业提供经费，在高校

建立"开发研究中心"。"开发研究中心"的工作纳入双方的工作计划，按企业发展需求，进行研究开发新技术，为企业提供有力的技术支持。

②大学与地方合办大学科技园。这种合作方式主要是发挥高等学校在人才、资源、科技等方面的优势，在地区上以一个或几个大学为依托发展高科技，在此基础上形成高科技产业群，带动当地经济的发展，并使该地区产业和产品结构得到大幅调整，推动高新技术产业的崛起。

③高校与企业在教育与培训、服务与咨询、研究与开发、毕业生分配等方面进行长期合作。高校在与企业签订协议后，按企业需要培养人才，成为企业的人才培训基地；企业请高校的学者、专家前来讲学，介绍科技信息，传授新科技知识，或作为企业的顾问，对企业的规划、管理和发展献计献策；企业把自己的骨干力量送到高校深造，提高企业的素质；高校以企业作为学生实习的基地，并向企业推荐优秀毕业生；二者之间还可以就研究开发进行合作。

④项目合作。这种合作有的是把高校和企业各自的优势组合起来，共同承担国家的各种科技研究开发计划或重大工程项目；有的是企业按需要委托高校进行研究与开发或技术服务等。这种主要围绕项目进行的合作是最普遍的一种模式。

⑤高校自办高新技术企业。各高校应根据自身学科优势，有选择、有重点地在源源不断出现的科技成果中选择一部分较适合的科技成果来自办科技企业。大学创办高科技产业肯定会对学校的教育、科研产生深远的影响。它的科技成果的物化、产业化过程本身会对科研人员起到推动作用，它使人们看到自己的科技成果对社会的贡献，而且产业化过程又会给学校带来巨大的回报。

⑥高校以科技成果入股，企业以资金入股组成新的企业。这类企业越来越多，而且发展前景十分看好。这种合作充分发挥了高校在技术、企业资金方面的优势。

（四）打造高校文化育人的品牌

关于"文化育人品牌"，周保平提出，为了提升学生的综合素质，高校要逐步探索出品牌化的素质教育发展模式，深化校园文化内涵，打造文化育人品牌。蔡劲松认为，在高校文化建设中，要树立品牌育人观念。由此可见，打造文化育人品牌已经成为新时期高校提升文化育人效果的有效途径。

1. 树立品牌意识

高校文化育人品牌能够将一所高校的特色和优势体现出来，是高校实力的一种标志，又是一种无形的、价值极高的资产。一旦形成，和高校相关的人与事无不被打上品牌的烙印。清华大学的校训是"自强不息，厚德载物"，清华的师生会像校训说的一样：为了成为有作为的人积极向上、奋发图强，努力使自己的胸怀宽广、品德高尚。新时期，校园文化呈现出多元化的特点，为了打造出优秀、卓越的文化育人品牌，需要高校在继承校园传统文化的基础上，用心提取、总结、凝练自身的文化优势，再通过定位、宣传与推广等方式，使其产生较强的影响力。

要打造一流的高校文化育人品牌，意识很关键。这种品牌建设不仅是高校的办学理念与事业追求，更是一种人文精神的体现。随着高校竞争的加剧，必须加强品牌意识。在我国，已经形成高校激烈竞争的态势，几乎没有哪一所高校不想打造出响当当的品牌文化，成为国内一流、世界一流的大学，就算已经有了自己的校园文化品牌的高校，也在为进一步传播品牌文化做出不懈努力。

2. 找准品牌定位

定位在打造高校文化育人品牌的过程中起到关键作用，它通常指一所高校对自己办学类型、办学层次、办学特色的目标性要求。这个过程需要高校结合自身实际和未来前景，以在校师生的发展为前提，考虑时代特征和同类高校的现状。定位过程要避免好高骛远，要实事求是。找准品牌定位要注意以下几点。

一是考察，这是一所高校形成文化育人品牌的前提。在考察过程中，高校需要考虑社会的发展形势，结合自身的实际情况，遵循客观条件和教育规律，根据自身的优势，从高校的历史传统中去概括出校园文化特色。高校文化品牌的定位也需要借鉴其他兄弟院校的发展经验，分析品牌的受众构成及其特点、品牌的优势与劣势、发展的机遇与挑战，在教育市场中找准自己的位置，建立自己的核心竞争力。

二是规划，这是一所高校形成文化育人品牌的关键。进行考察之后，下一步就是制定相应的发展规划。高校文化育人品牌的发展规划要同高校的整体发展步调相一致，突出学科专业优势，借助师资队伍力量，在校园文化建设中形成品牌。为了扩大品牌的受众群，高校在品牌培育过程中要加强同社会、家庭的联系。

三是深入发展，这是高校形成文化育人品牌的重点。打造高校文化育人品牌时，要继承过去优良的传统，不断地根据社会发展和高校自身的条件，立足于培养学生的创新精神和实践能力，创造出新的特色。有些历史悠久的高校有综合优势，可以深入挖掘其历史文化内涵，利用名胜古迹、重大历史事件等，从教育角度，精心设计一些富有文化特征的人文景观，形成文化特色，并使之在潜移默化中转化为广大师生特有的内在气质。新建高校虽然没有悠久的历史，但它所在地区一定有较为丰富的文化历史资源，高校可以将地域文化融入文化育人过程中，进而形成自己的品牌特色。

3.进行品牌传播

校园文化品牌的传播是一个让在校师生接受文化洗礼的过程。这个过程可以提高校园文化品牌的知名度、竞争力，扩大品牌的受众群。

（1）内部传播

要想将文化品牌内化于广大师生的价值观念中，仅靠口号喊出来或者书写的方式保存下来是不够的。高校文化育人品牌内部传播的受众群主要是在校的师生，宣传的主阵地就是高校校园，要借助课堂、典礼、会议等载体将高校文化的品牌定位、办学宗旨、办学理念等传递给内部的学生和教师，提高内部受众群体的认同感，增强师生的参与意识，激发内部群体对品牌的认同感、归属感。广大师生在接受了高校文化品牌的熏陶之后会形成自己的认知，进行评价与选择，调整认知结构，在丰富多彩的文化活动中，通过自己的行动表现出对学校办学理念和精神风貌的认同，形成整体的品牌文化氛围。为使品牌文化的延续性更强，已经形成文化特色的高校应该将精神层面的文化物化为形象标识或图标。

（2）外部传播

在高等教育大众化阶段，为了提高竞争力，有的高校表现出一定程度的市场化特性，因此有必要适当地运用一些合理的传播方式来提高高校文化的品牌知名度，吸引更多的优秀生源，提高办学竞争力。高校文化育人的外部受众主要是学生家长、社会大众。

高校文化育人品牌要想扩大受众群，必须重视外部传播，要借助一些现代传媒载体，如电视、报纸、杂志、广告、网络等，尤其要凸显网络载体的作用，做好高校网络建设。高校网站具有一定的公信力和权威性，网站上会囊括办学的政策法规、学科建设、校园风采、学历认证等方面的信息，可以很好地宣传高校的文化品牌。为了让社会看到高校的成绩，让公众更加了解高校，也为了提高品牌知名度，获得更多的认可和支持，高校需要借助一定的活动载体来传播文化信息。

（五）拓宽高校文化育人途径

1. 发挥宿舍文化育人功能

宿舍是在校大学生的第二个课堂，也是他们走进社会的缓冲地带，它除了具有德育、导向、激励等功能外，还可以通过其自主性、生活性、情感性等特点产生自我教育、陶冶情操的作用。

高校宿舍文化要发挥育人功能，就必须坚持以学生为主，增强学生的主体意识，增强学生的自我教育能力。在宿舍文化育人过程中，我们一定要加强对学生的服务意识，深入学生宿舍，了解学生所需，解决学生在生活中遇到的困难。从生活点滴做起，时时关心学生。只有将服务做好，让学生满意，才能让他们在一个良好的氛围中接受教育。例如，可以在宿舍楼显眼的位置挂上小黑板，在天气变化时及时提醒学生添加衣物，以免伤风感冒；也可以在放假离校之际，提醒学生整理好行李、关好门窗，以免丢失财物；辅导员要经常去宿舍与学生沟通，及时了解他们的生活状态。另外，高校要想通过宿舍这一载体对学生进行教育，还需要加强宿舍的物质文化建设，营造出良好的文化氛围，并高度重视宿舍及其周围环境的净化问题。

2. 发挥学生社团文化育人功能

学生社团是由高校学生出于自愿而自发组成的团体，是一个为了实现团体成员的共同目标，按照社团章程开展活动的非营利性组织。社团文化区别于其他校园文化，它不像课堂文化那么严肃，又不像制度文化那样具有强制性，而是具有自主性、自愿性、创造性、包容性等特点，是高校特有的文化。社团成员可以是来自不同年级、不同专业的学生，他们为了共同的兴趣而聚在一起，参加社团活动不仅可以使学习气氛更加活跃，而且能提高学生的自我管理能力，有利于其身心健康发展。

高校社团文化以其独特的优势吸引着越来越多的大学生参与。近年来，社团的类型日益丰富，形式多样。例如，专业技术类的社团主要是组织学生参加一些学术研究性质的竞赛。还有一些学生出于对文学、艺术的喜爱，参与了文学社、棋艺社、摄影社、美工社、歌咏队、话剧团等文学艺术类社团。这些社团活动极大地丰富了大学生的课外文化生活，使有较高艺术天赋的大学生有了一个展示自我才华的舞台。体育健身类的社团有篮球社、足球队等，参加这类社团的学生有的是喜好体育活动，有的是为了增强体魄、锻炼身体。无论是出于哪种目的，这类社团活动对提高大学生身体素质都有极大帮助。

在具体的实践中，学生社团应根据教育环境的变化来调整社团活动的主题，一旦确定自己的目标，就要坚定不移地为实现目标而努力。在开展活动过程中，要不断积累经验，开拓创新，时刻围绕着育人宗旨。同时，高校应加强对学生社团的管理，根据一定的考核制度对学校各类社团进行评选，对发展较好的社团予以奖励。新学期开始之际，在社团进行纳新活动时，学校也应给予各方面的支持。

3. 发挥仪式文化育人功能

仪式是一种依托一定文化传统的活动，这些活动在人们的日常生活中到处可见，具有象征性、规范性、表演性、程序性和规律性的特点。常见的高校仪式有校庆、升旗仪式、颁奖仪式、入党宣誓仪式、各种典礼等，这些活动往往通过表象的装饰、庆祝、恭贺等操作将传统文化与现代文化结合起来，蕴含着深刻的教育内容。

高校仪式文化通过特有的情境教育，以静态到动态、抽象到具体的方式让参与到活动中的师生亲自体验、亲自感受，进而引起思想上的共鸣，从而受到教育。仪式本身也是一种历史的回忆，具有讲述历史的功能，其本身蕴含着丰富的教育内容。例如，升旗仪式蕴含的是集体主义、爱国主义和民族意识教育，是寓教于行的有效方式。在重要节日或活动中，升国旗、唱国歌可以彰显出强大的民族凝聚力，增强师生的民族意识和爱国主义情感，激发师生的民族自豪感。当下的教育环境发生了巨大的变化，教育的内容也日渐丰富，在高校仪式文化的育人过程中，要根据教育的需要来选择仪式的方式。

高校的管理者、教师、职工、学生都是高校仪式活动的参与者，在不同的仪式活动中扮演着不同的角色。在仪式过程中，要突出他们的主体地位，注意发挥学生党员干部的带头作用。随着教育体制改革的不断深入，高校仪式文化也要打破常规，追求多种形式并存的仪式文化形态。为使更多的大学生接受高校仪式文化活动，高校必须开展丰富多彩的仪式活动，让大学生在仪式中感受特定的精神文化，让大学生进入自我价值观念与社会价值观念的对照、反思、探索、重构中，让学生在主动的实践体验中获得精神文化营养。

4. 发挥图书馆文化育人功能

图书馆作为高校的三大支柱之一，肩负着为高校教学、科研提供信息的重大责任，同时具有育人功能。随着互联网的迅速发展，高校图书馆馆藏不仅局限于纸质图书期刊资料，还对网络资源及书刊数据库的建设也十分重视。高校图书馆文化是高校图书馆及工作人员以高校文化为背景，以图书文化为基础，在图书管理和提供服务的过程中所形成的思想观念、行为方式、价值准则、道德规范、知识体系等的总和。高校图书馆文化育人主要是通过服务的途径完成的，图书、报刊资料本来属于静态的教育资源，借助图书馆载体可以将这些静态的知识和信息传递给学生，进而转化为现实的生产力，提高学生的智慧和技能。

图书馆馆员有着双重身份，即图书馆管理员和教育工作者，在为读者提供服务的交流过程中，其言行举止可能对读者产生影响，由此图书馆馆员需要坚持"服务育人"的理念，做到读者第一，服务至上。要以提供优质高效的信息服务作为图书馆工作的出发点和归宿，积极传播科学文化知识，向读者传递健康向上的价值观。图书馆馆员可以充分利用图书馆内部的各种载体进行育人工作。例如，在每个楼层布置宣传橱窗，定期向读者推荐有价值的图书，为了吸引读者的注意力，可以配上彩色插图和文字介绍等。有的高校图书馆设有电梯，电梯口都装有数字电视，可以利用这些视听设备循环播放一些科普类短片、优秀影视作品等。有的学生平时可能对这些内容不感兴趣，但在乘坐电梯的间歇可能记下这些画面，久而久之也会不断开阔他们的视野，提升其人文素养。还可以利用图书馆的场地、资源举行书画展、读书节等活动，使学生开阔视野，陶冶情操，提高审美能力。

第三章　高校文化育人的运行机制

文化育人作为一种具体的教育实践，由主体、客体和载体等基本要素组成，它们相辅相成、密切配合，共同构成相对稳定的要素结构。文化对人具有天然的影响力，要充分发挥其育人功能，有效实施文化育人，需要从根本上满足一些基本条件。文化育人具有自身内在的运行机制，实际上，文化育人的过程就是文化价值客体主体化的过程。

第一节　文化育人的基本要素

任何一个事物的存在都有其构成要素。文化育人作为一种具体的教育实践，也有其基本构成要素。文化育人有育人主体、育人客体、育人载体三个基本要素，这三个要素是文化育人发生和实现的关键性因素，缺少它们中的任何一个，思想教育意义上的文化育人都无从实现。

高校校园文化育人功能的发挥从本质上来说是育人实践活动，包含育人主体、客体、载体等基本要素。首先，从高校校园文化的形成过程来看，高校师生都是影响高校校园文化生成与发展的文化主体，都在一定程度上影响着高校校园文化育人功能的发挥。高校教职员工和大学生在其中所处的位置并不相同。高校教师和行政管理人员是高校校园文化育人活动的发起者，起着主导作用；大学生则是高校校园文化的主要"化""育"对象，是接受校园文化影响的一方。其次，高校校园文化在育人功能的发挥中扮演着双重角色。高校校园文化既有文化价值意义上的育人力量，又作为联系各种育人要素的育人媒介而存在。高校校园文化能够以其内在的精神力量和价值体系去引导大学生形成正确的思想、意识，也能够充当育人的文化载体，通过各种各样的文化活动提升文化育人的吸引力。最后，高校校园文化育人功能的发挥有着特殊的作用，它具有整体性、渗透性和内隐性的特征。高校校园文化环境的熏陶感染是高校校园文化育人功能发挥的主要方式。

一、文化育人的主体

狭义的教育者，简言之就是按照法律法规和行业规范，根据学校条件和职称，从事教育事业，在一定社会背景下促进个体社会化和社会个性化的人。教育者是组织实施文化育人实践的主体，是文化育人的根本构成要素。文化育人主体是指通过文化手段以思想教育为目的进行全方位育人的主动行为。教育者的主体性是指根据社会发展和教育现代化的要求，通过启发、引导受教育者内在的教育需求，创设和谐、宽松、民主的教育环境，有目的、有计划地组织、规范各种教育活动，进而把他们培养成为自主地、能动地、创造性地进行认识和实践活动的社会主体。

在高校校园文化育人功能发挥中，教育者的主导地位主要体现在其是确立育人标准、选择育人内容、实施育人环节的主动行为者，起着保证方向、把握时机、消除障碍、人格感染等作用。在高校复杂的文化构成中，存在着积极向上的文化内容，也会有不和谐的文化因素存在。为了保证高校校园文化育人的先进性，就必须借助教育者的力量，从顶层设计的高度对高校校园文化进行整体规划与建设，形成健康向上的文化氛围，从而对大学生进行正确的引导。从根本上来说，一所高校的办学理念是影响其整体文化氛围形成的核心因素。高校办学理念的确立、精神文化的建设都离不开教育者的重视与建设。同时，教育者的自身素养也会对其文化引导力产生影响。高校思想教育工作者的理论水平、思想观念、价值态度，以及运用校园文化实施育人的自觉性和操作能力等，都在一定程度上影响着大学生对校园文化育人的感知和接收。

以社会的要求为准绳，科学地影响教育对象，不断把教育对象的思想品德提升到社会需要的水平，价值引导是教育者在文化育人过程中的根本职能之一。具体体现在三个方面：一是按育人计划，组织、设计和实施文化育人活动；二是本着价值主导原则采取多样化的方式，调动和发挥教育对象的主体能动性；三是引导教育客体思想品德向社会要求的方向发展。教育者在文化育人过程中的另一个根本职能是思想教育。在这个过程中，他们身上具有许多共同的特点，主要有以下几个方面：

第一，具有高度的文化自信。习近平总书记在党的十九大报告中指出，文化自信是一个国家、一个民族发展中更基本、更深沉、更持久的力量。必须坚持马克思主义，牢固树立共产主义远大理想和中国特色社会主义共同理想，培育和践行社会主义核心价值观，不断增强意识形态领域主导权和话语权，推动中华优秀传统文化创造性转化、创新性发展，继承革命文化，发展社会主义先进文化，不忘本来、吸收外来、面向未来，更好构筑中国精神、中国价值、中国力量，为人民提供精神指引。

服务于中华民族的伟大复兴是教育的重要使命。传承文化自信的基因，教师的作用至关重要。教师不仅是科学知识的传授者，更是文化自信的播种人。中华民族要繁荣振兴，需要有高度的社会主义文化认同与文化自信。教育作为社会主义文化自信生成的源头活水，教育者承担着重要角色。"师者，传道授业解惑也。"教师对于学生来说最重要的就是传授正确的学习方法，让学生具备思想力。在面对包罗万象的传统文化与世界文化时，不是简单复古，也不盲目排外，而是做到古为今用、洋为中用、辩证取舍、推陈出新。只有"以古人之规矩，开自己之生面"才能实现中华文化的创造性转化和创新性发展。在引导学生树立社会主义文化自信之前，首先要让自己融入中华民族优秀传统文化，积极投身于社会主义伟大建设实践之中，成为充满社会主义文化自信之人，这是职业角色，也是职业责任。

第二，具有传播社会主义先进文化的高度自觉。社会主义先进文化，就是以马克思主义为指导，继承与弘扬中华优秀文化传统和"五四运动"以来形成的革命文化传统，吸收借鉴世界优秀文化成果，集中体现全国各族人民在新的历史条件下的精神追求，始终代表着当代中国发展前进方向的文化。在全国宣传思想工作会议上，习近平总书记提出要"讲好中国故事，传播好中国声音"，这是对宣传工作者也是对教育工作者的要求。讲好中国故事、传播好中国声音是高校教育工作者的一项重要使命，他们不仅要成为充满社会主义文化自信之人，还要成为自觉传播社会主义先进文化之人。当代大学生成长于经济全球化和社会改革开放时期，没有经历过革命战争的洗礼，这就需要教育者主动宣传社会主义核心价值观、弘扬中华民族优秀传统文化，以增强大学生对中华民族文化的认同。在文化育人实践中，教育者要牢记使命，自觉传播社会主义先进文化。

第三，具有文化价值主导性。在文化育人过程中，教育者也具有文化价值主导性，教师在教育过程中的主导角色，是由教育的内在因素和外在因素决定的。教师的主导作用体现了教育活动的客观规律。教师在教育过程中的主导作用，具有必然性和辩证性。教师的文化价值主导性是指教师在思想教育实施过程中发挥其主导作用方面表现出来的积极属性。随着文化全球化和改革开放的不断深入，社会上各种思潮涌动，中西方文化价值相互交锋、渗透，人们的价值观念朝多元化方向发展。在这一社会背景下，中国特色社会主义文化要健康发展，必须坚持一元主导与多样化发展相结合。一元主导体现在文化育人上，就是用社会主义先进文化为学生成长、成才提供正确的道路方向和强大的精神动力，落实好立德树人根本任务。

在文化育人的实践过程中，教育者是教育计划的执行者、教育活动的设计者和组织者，他们按照一定的教育计划设计文化育人活动，并将思想教育信息融入育人活动，通过文化渗透的方式影响教育对象的思想价值观念，引导其朝着正确的文化方向发展。学生作为受教育者，正处于价值观形成的关键时期，思想观念活跃但尚未发展成熟，行为不稳定，对文化价值的领悟力、理解力、判断力等有一定的局限性，面对复杂的社会现象和良莠不齐的多样化价值观念，他们很难做出正确的判断和文化选择，需要教育者根据其身心发展水平进行针对性的教育和引导。因此，在文化育人过程中，教育者具有高度的文化价值主导性。

作为文化育人的主体——教育者，是文化育人活动的发起者和主导者，没有教育者，文化育人就没有了施展者，也就不是基于思想教育目的而实施的文化育人。除了具有上述三个显著特点之外，他们还具有将显性教育与隐性教育相结合，充分发挥文化潜移默化地教化人、影响人的功能。因此，教育者在文化育人基本构成要素中不可或缺，并发挥着举足轻重的作用。

二、文化育人的载体

高校文化育人的载体是指在高校文化育人过程中承载和传递教育信息、能为教育主体所操作，并与教育对象发生联系的一种方式和外在表现形态。常见的高校文化育人载体包括物质载体、制度载体、精神载体、活动载体、网络载体等。高校文化育人的载体并不是固定不变的，随着社会历史条件的变化和高等教育的发展，传统的文化育人载体已经不能满足人民日益增长的精神文化需要。载体也在发生变化，传统的育人载体被赋予了新功能，新的载体应运而生，改变了原本单调的校园生活。高校文化育人的主体应当保持清醒的头脑和敏锐的观察力，及时注意到这些变化给高校育人工作带来的影响，对教育教学工作做出适时调整，以保证育人效果。

划分高校文化育人载体类型，有利于对不同类型的文化载体加以开发与利用，从而服务于高校文化育人实践的需要。截至目前，对高校文化育人载体的界定和分

类尚无统一标准。根据不同的划分维度,可将高校文化育人载体划分为以下不同类型:

第一,按照时间维度来划分,高校文化育人载体可划分为传统文化载体和新兴文化载体。传统文化载体是指在高校文化育人发展历程中早就产生并在继续发挥作用的文化载体,如阅读文学名著、欣赏绘画、练习书法、观看爱国电影等。新兴文化载体是指伴随科技进步和社会发展而产生的,具有时代特征的高校文化育人载体。如移动多媒体的发展催生了红色网站、名师博客、政府微博、手机短信教育等新兴文化育人载体。高校文化育人有诸多载体,随着网络信息技术的广泛普及和深入发展,网络载体的优势日益凸显,并在高校文化育人中发挥着越来越重要的作用,充分运用并创新这一载体是进行高校文化育人的有效途径,也是高校文化教育现代化发展的必然要求。

第二,根据空间的维度来划分,高校文化育人载体可划分为校内文化载体和校外文化载体。校内文化载体是指通过利用大学内部各种资源结合师生的需要对师生进行的文化教育的载体形式,包括高校各种看得见、摸得着的物质文化形态,主要指校园环境、教学科研设备及各种文化体育生活设施等;高校的各种规章制度、道德规范、行为准则和工作守则等;学校全体成员共同认同并遵循的价值观念、思想意识、道德规范、发展目标等校园精神因素的综合。校外文化育人载体指的是通过利用各种社会的文化资源结合高校师生的需要对师生进行文化教育的载体形式,如教育实习基地、爱国主义教育基地、校友会等。高校的教育需要与生产劳动和社会实践相结合,大学生在学校进行了关于本专业的系统理论学习之后,需要理论联系实际,参加一些社会实践活动,这就需要借助校外的一些企业、医院、工厂等载体。爱国主义教育基地包括各类博物馆、纪念馆、展览馆、烈士陵园等。红色文化作为诸多校外文化类型中的一种,是具有特别意义的文化现象,它可以向大学生传递一种积极的精神、一种崇高的理想、一种坚定的爱国主义信念,具有积极的社会实践效应。充分利用红色文化育人，帮助他们树立正确的世界观、人生观、价值观。校友会作为一个社会组织，可以促进母校与校友、校友与校友之间的沟通，让更多的人了解高校的成就，是高校文化育人品牌传播的一个重要载体。

第三，按照存在形态的维度，高校文化育人载体可划分为物质载体、制度载体、精神载体和活动载体。物质载体是指具有文化信息的，能够承载和传递文化教育的内容或信息，是文化教育主客体间相互作用的物质设施和环境。传统的物质载体包括校园环境、教学科研设备及各种文化体育活动设施等，主要表现在宿舍、道路、图书资料、仪器设备、校园人文景点和校史陈列室等方面。校园环境是校园文化的物质基础，是物质层面上的校园文化，具有强大的隐性教育功能，对学生产生着潜移默化的感染作用，具有渗透性强和长期性的特点。仪器设备是大学文化建设的重要物质基础，在某种意义上来说，它代表着一所大学办学水平的高低。校园齐全的活动设施，可以丰富大学生的课外生活，增强他们感受美、热爱美、欣赏美的能力。

制度载体包括高校的各种规章制度、道德规范、行为准则和工作守则等。科学合理的制度文化可以对师生的行为起到规范和制约作用，使高校倡导的观念文化成为现实，还可以促进师生健康成长、保障教育方针的全面贯彻和培养目标的最终实现具有重要意义。制度载体包括显性制度载体与隐性制度载体两种。显性制度载体是指国家或高校制定的规程、条例、准则等，隐性制度载体是由规章制度辐射出来的价值观念和生活方式。

精神载体是指能够承载和传递高校文化育人的内容或信息，促使教育主客体之间相互作用的精神文化形态。学校全体员工共同认同并遵循的价值观念、思想意识、道德规范、发展目标等校园精神因素的综合，对人们形成社会所倡导的思想道德观和价值信念具有引导作用。高校文化育人的精神载体具有润物无声的作用，主要表现为学校的校风和校训。

活动载体指的是通过设计活动方式、活动形式，承载文化育人的内容，达到高校教育的目标。高校文化育人活动载体的类型很多，常用的有竞赛活动、文化活动、社会活动、休闲活动等，这里所说的作为高校文化育人载体的活动主要是指可以满足人们精神生活需要的一些载体。活动是高校文化育人理论付诸实践的过程，是广大师生践行价值观念、政治观点、道德规范的过程。人们在参与文化育人活动的同时，对活动中承载的文化信息进行吸收和利用。新时期对活动载体的运用需要在继承传统的活动形式基础上进行改革和创新，要在改革过程中赋予传统活动载体新功能。现在高校的活动形式已不再局限于文艺晚会、联谊晚会或篮球比赛，而是多了一些富有商业气息的商品交易会，如高校的跳蚤市场为大学生提供了更多的创业机会，让他们锻炼了自身能力，学会自力更生。富有艺术气息的书法、绘画比赛，让大学生在紧张的学习之余，放松身心，陶冶情操。

第四，按照对象范围的维度，高校文化育人载体可划分为群体文化载体和个体文化载体。群体文化载体是指针对全校成员或特定校园群体进行教育的文化载体。如图书馆、陈列室、科技馆、烈士陵园、文化馆、博物馆等文化服务设施和爱国主义教育示范基地建设等。群体文化载体的运用不仅能陶冶人们的情操，而且能通过集体舆论的力量对人们的行为产生约束力，扩大文化育人的受众群，有利于集体价值观的形成，进而加强文化育人功能。

个体文化载体是指针对个人进行教育的文化载体，如开展图书馆阅读活动、名师博客、手机短信教育等。个体文化载体是对群体文化载体的进一步细化，更具有针对性和实效性，适合于不同独立个体的文化载体，有助于文化育人工作的有效实施，从而达到提升文化育人效果的目的。

第二节　文化育人的内在机制

文化育人作为一个文化价值的客体主体化过程，实现文化价值客体主体化的内在机制主要有人化与化人互动机制、文化认同机制。主要表现在：其一，文化是在"人化"与"化人"的双向历程中生成的结果；其二，个体思想的形成是文化认同机制发生作用的结果。

一、人化与化人互动机制

从文化生成的基础看，文化总是以人的主体性实践为基础，是人依照自己的目的和意愿"向文而化"（"人化"离开文化主体人的"向文而化"，文化便失去了可以生成的基础）。人"向文而化"有两个向度：一是向外扩张，即根据人的发展需要和理想不断改变人的外部世界，使外部世界"人化"。二是向内完善，即按照人的发展需要和理想不断提升和完善自我，实现人自身的"人化"；其中，人自身的"人化"离不开文化的参与。无论是因为人作为一种历史性的文化存在，还是因为人作为世界不可分割的一个重要组成部分，人的提升与完善都离不开外部世界文化的孕育和影响，都要经历文化"化人"的历程。文化像人的血脉一样，贯穿在特定时代、特定民族、特定地域的总体性文明的各个层面中，以自发的、内在的方式左右着人类的生存活动。从这个意义上讲，"人化"与"化人"共同构成文化生成的基础，二者缺一不可。

从文化生成的历程看，文化是在"人化"与"化人"的双向历程中生成的。人创造文化，文化也塑造人。人与文化是一种双向构建的关系，这种关系主要体现在两个方面：一方面是人"向文而化"，简称"人化"，即人通过社会实践，将外部世界对象化，创造出丰富多彩的文化。人将外部世界对象化的过程，实际上就是人"向文而化"的过程。人在"向文而化"的过程中创造文化、发展文化。另一方面是文化"化人"，即人在外部世界文化的孕育下不断发展、提升。在文化"化人"的过程中，看似没有直接创造新的文化，但是促进了新的文化主体的生成，为进一步的文化创新发展奠定了基础。从这个意义上讲，文化生成于"人化"与"化人"的双向历程中，是人与文化相互构建的结果。

文化生成的内在机制体现在"人化"与"化人"的互动过程之中，这一互动过程就是"人类文化的原初生成和当代生成的共同规律"。"人化"与"化人"，作为文化生成的双向历程，二者彼此交融、循环往复、互生互动，文化就是在二者永不停息的双向互动中不断地生长、发展着。

高校校园文化与文化主体在高校校园文化育人功能发挥中存在相互作用的关系。从高校校园文化的形成与发展来看，它是高校师生员工在办学实践中共同创造的。而高校校园文化一经形成，便会以文化的方式作用于人自身，对人产生正面或负面的影响。因此，高校校园文化育人功能遵循着"人化"与"化人"的互动机制。

高校校园文化育人功能发挥的实践过程中，一方面，高校人作为实践活动的主体，在实践过程中以育人目的为指引，将外部世界对象化，创造出丰富多样的文化成果。在这一过程中丰富和发展了高校校园文化，有意识地创建了有利于育人实践开展的文化环境，实现了"人化"过程。另一方面，文化育人包含着以文"化人"的含义，人们创造了文化，文化也在塑造人。从高校校园文化育人功能发挥的内容来看，高校精神文化作为其重要内容也发挥着价值涵养和文化熏陶的重要作用。高校精神文化体现了高校的办学理念与价值追求，是高校在长期的办学实践中多重因素相互融合的结果，是高校校园文化的精髓，也是高校赖以生存和发展的精神动力。高校精神文化所包含的以学术创新精神、学术诚信意识、学术责任意识、学术合作精神为内容的高校学术精神，以及以人为本的教育理念，在很大程度上体现了高校的人才培养理念和文化价值取向，是高校营造校园氛围、塑造价值理念的集合体，也是高校规范师生言行，引导大学生在学术生活中进行正确的价值选择和价值判断的重要力量。

高校校园文化具有"似有若无"的特征。大学生受到高校校园文化氛围的长期熏陶，能够在不知不觉中受到影响，潜移默化地完成自身思想观念的转化。而高校校园文化育人功能发挥的前提是良好的校园文化环境的建设。从这个意义上来讲，高校校园文化育人功能发挥实质上是"人化"与"化人"双向建构的过程，文化育人的价值就是在"人化"与"化人"的互动机制中得以实现的。

从"人化"与"化人"的互动机制可知，实施文化育人，要着重从两个方面下功夫：一是加强社会主义先进文化建设，在具体的文化育人活动中，就是加强承载社会主义先进文化的文化载体建设，以增强文化"化人"功能。二是加强人的主体性建设，促进人的全面发展，以增强人在发展社会主义先进文化过程中的本质力量，即提升"人化"水平。

二、文化认同机制

文化认同就是指对人们之间或个人同群体之间的共同文化的确认。使用相同的文化符号、遵循共同的文化理念、秉承共有的思维模式和行为规范是文化认同的依据。第一，文化认同区别于国家认同、民族认同，是对自身文化身份的确认，三者之间虽然有重合，但由于立足点不同，国家认同和民族认同在一定程度上是对国家和民族文化的认同，但文化认同并非局限于国家和民族范围内。第二，作为认同概念在文化上的扩展，文化认同一方面是对自我文化身份的认同，是由"我"向"我们"的转变；另一方面是对"我"及"我们"与"他者"文化的区分。第三，在文化认同的强大驱动力下，归属于某一文化团体的人往往对自身文化具有强烈的认同感、自豪感及归属感。大学文化认同是指大学师生对高深知识传承、发展、创造过程实践中形成的、共同享有的思想观念、行为规范和生活方式实现确认、认同的过程。

文化育人强调以文"化人",强调文化知识内化为个体自身的思想、情感及行动中的文化自觉。在这一过程中,起至关重要作用的是主体的文化认同。所谓认同是指个体人对个体之外的社会意识的价值和意义在认知和情感上的趋同,并促使个体自觉行为的一种心理倾向。认同可有多种指向,如民族认同、国家认同、文化认同等。其中,文化认同是最深沉、最持久的力量,处于最核心的地位。文化认同是指对一个群体、一个民族、一个国家文化身份的认同感,它是一种肯定的文化价值判断,文化认同中的文化理念、思维模式和行为规范都体现着一定的价值取向和价值观。文化认同对个体人而言,是个体人进行文化内化并形成自身文化价值观的重要前提;对于国家和民族而言,是增强民族凝聚力的精神纽带,是民族共同体生命延续的精神基因。

文化认同在先进文化和受教育主体人之间扮演着非常重要的角色。它是文化价值由先进文化客体向文化主体——人转移的中转站,是实现文化价值客体主体化的必要条件,也是文化育人功能得以实现的前提和基础。

文化认同分为外显认同和内隐认同,二者之间既相互独立,又紧密联系、相互促进。外显认同能够促进内隐认同的发展;反之,内隐认同也能促进外显认同的发展。一般而言,文化在人的心理内化过程中,是遵循从外显认同到内隐认同的秩序构建的。作为文化内化的前提,文化认同是个体思想形成的重要基础。

文化认同机制蕴含于个体对文化的外显认同和内隐认同过程之中。外显认同是个体对一种文化价值的明确认定与选择,是个体态度转变中一个至关重要的环节。按照社会心理学的观点,个体态度的转变分为"服从""认同""内化"三个阶段。其中,"服从"是迫于外在压力或权威而表现出来的短暂性顺从。服从并不意味着认同,它只是表面上的顺从并且很容易改变。"服从"是个体在外部压力下对"你要我怎样做"

的一种形式上的配合。"认同"是"服从"的进一步深化发展，表示个体不再是被动地服从，而是从内心开始主动地认可和接受一种文化价值，体现出个体自我的价值判断和价值选择，但这种价值判断和选择只是发生在思想观念层面，还没有内化为自己的行为习惯，也较易因外界影响而发生变化。"认同"为"内化"打下了基础，使"内化"具有了发生的可能。"内化"是"认同"的进一步深化，是个体对某种文化价值认同的固化性结果。所谓固化性，主要是指一种文化价值经个体内化之后，转化为个体相对稳定的行为、信念，并在实践中以持续一致的方式得以显现，其表现为个体相对固定的思想行为习惯。"内化"是个体心理态度转变的最终体现，它不再是"你要我怎样做""我接受你的观点"，而是"我要怎样做"，是个体主体性的表现。

总之，个体态度转变的过程是一个从"你要我怎样做"向"我要怎样做"转变的过程，是一个由被动服从向主动践行转变的过程。在这一过程中，外显认同强调个体明确而自主的价值判断和选择，强调对社会主导文化价值观念的积极认同。它是个体态度转变的关键性环节，既为改变个体被动"服从"的状态提供了心理基础，也为接下来的文化"内化"提供了心理上的驱动力，并使三个环节由前至后逐步深化、有效承接、形成联动，在促进个体态度转变过程中发挥着至关重要的机制性作用。

内隐认同是个体对外在观念影响的一种接纳方式，也是个体认知与学习的一种重要方式。大多数情况下，个体对外部的影响是在不知不觉、潜移默化中自然接受的，具有影响发生的内隐性，即内隐认同。内隐认同的内隐性在于个体思想观念的更新、发展变化都是以潜隐不显的、个体不知不觉的方式进行的。通常情况下，外在观念在个体身上发生的影响作用，以及个体文化价值观念的习得与养成，大多是以内隐认同的方式进行的。可以说，个体思想形成的过程在很大程度上是个体对发生影响的文化之内隐认同的过程。内隐认同作为个体思想形成的重要机制，在个体接受外部文化影响的过程中发挥着重要作用，对个体行为的选择也起着决定性的作用。

　　个体对外部文化价值的判断和选择是文化认同的重要结果。作为个体思想形成的重要机制，文化认同是外显认同和内隐认同的综合体现。虽然说个体对外部文化的接受，以及个人思想的形成，多数情况下是潜移默化的、非自觉的，是内隐认同的结果，但外显认同作为个体认知和学习的一种重要方式，在人的思想形成过程中不可或缺。个体对外部文化影响的接受，不是仅凭单一的外显认同或内隐认同就能实现的，而是两种认同机制共同发生作用的过程。从这个意义上讲，无论是文化外显认同还是内隐认同，都是个体思想形成的重要机制，都在文化育人过程中发挥着不可或缺的作用。因此，实施文化育人时对外显认同和内隐认同应该予以同样的重视。

第四章 高校文化育人的发展思路

第一节 坚持文化育人基本原则

作为教育的一种途径，文化育人要以社会主义先进文化育人，必须始终坚持以马克思主义为指导；要紧密结合大学生成长、成才和教育工作的实际，尊重学生发展与教育规律；要整合校内各种教育资源，凝聚校内外各种教育力量，实现合力育人；要合乎人的全面自由发展和人类社会进步的目的，体现出合规律性与合目的性的统一，即真、善、美的统一。

一、坚持合力育人原则

文化育人的主要场所在大学校园，校园文化是文化育人的重要载体。校园文化是"以师生文化活动为主体，以校园精神为底蕴，由校园中所有成员在长期办学过程中共同创造而形成的学校物质文明和精神文明的总和"。它主要包括物质文化、制度文化和精神文化，其中精神文化由全校师生的价值观融汇而成，在校园文化中居于核心地位，起引领作用，是校园文化的灵魂。作为大学文化风格和大学精神的综合体现，校园文化伴随大学教育而生，既反映学校历史发展中的文化积淀和精神传承，也反映学校在培养人才、造就人才方面的物质成就和精神成就；它由全校师生所创造，以教学、科研、管理、服务、生活等各个领域的文化活动为基本表现形式。

校园文化具有重要的育人功能。作为学校育人的环境条件，校园文化是育人过程中重要的教育资源和构成要素。健康向上的校园文化能够使大学生获得知识、陶冶情操，促进他们综合素质的提升与完善，为实现学校的人才培养目标、服务社会打下良好的基础。

校园文化在结构功能上具有系统性和复杂性。校园文化是由多种要素构成的具有一定结构和功能的系统，是各要素相互联系、相互作用的有机整体。校园文化的各构成要素分布在不同组织层面、不同工作领域、不同人员群体，具有很大的复杂性。随着社会的进步和学校事业的发展，校园文化总是不断推陈出新、动态发展的。在校园里，总有新的时尚文化在流行，新的文化成果被创造，也总有一些不符合时代发展需要的文化在衰退、消逝。校园文化作为社会文化系统中的一部分，"是校内、校外各股教育力量及校园文化各要素相互影响相互作用的产物"。其中，校园精神文化（全校师生的价值取向）不仅决定了校园文化的性质和方向，而且也决定了校园文化功能的实现。

要有效发挥校园文化的育人功能，必须坚持以核心价值观为统领，坚持合力育人原则，在校园师生中大力弘扬并培育社会主义核心价值观，并将其融于校园文化建设的方方面面，融入校园师生的文化生活实践之中，以此统领校园内各种教育资源，凝聚校园内外各种教育力量，实现校园文化整体育人。坚持合力育人原则，要从整合各方面力量入手，以核心价值观统领校内诸多育人力量。从校园师生所承载的育人职能看，校园内包括几支重要的育人力量，即承载教书育人职能的第一课堂教学力量，承载管理育人职能的管理力量，承载服务育人职能的图书馆、学生公寓、安全保卫、卫生所等服务保障力量，以及承载朋辈育人职能的优秀励志大学生等学生榜样的力量。一名大学生在校学习生活，必然接受学校安排的教育、教学、管理和服务，要生活在朋辈学生群体之中，必然受到各工作领域教师和各种学生群体的影响，如果这些影响都是以社会主义核心价值观为统领的、积极健康向上的，那么对学生形成的教育合力就强；反之，教育合力就弱。因此，以核心价值观统领这些育人力量对校园文化建设、对发挥文化育人合力都会产生至关重要的作用。

二、坚持真、善、美统一原则

"真、善、美统一是文化教育的根本价值。"文化育人是以先进文化育人，作为一种特殊的文化教育实践，根本宗旨是促进人的全面自由发展，其根本价值也体现为真、善、美的统一。文化育人的价值是人和社会在文化育人实践—认识活动中建立起来的，以人的社会主义核心观形成和发展规律为尺度的一种客观的主客体关系，是文化育人实践是否与人的本质、意义和需要等相统一的关系。这种关系是文化育人实践合乎人的全面自由发展（尤其是以社会主义核心价值观为统领的思想品德的形成与发展）和人类社会进步（尤其是精神文明的进步）的目的而呈现出的一种肯定的价值关系。这种价值关系表现为社会价值与个体价值的统一，在本质上是合规律性与合目的性的统一，即真、善、美的统一。

人的全面自由发展是人的解放的最高境界，也是文化教育尤其是文化育人的终极价值追求。"从哲学上讲，人的全面自由发展是真、善、美的统一。"从文化意义上讲，真、善、美也是人的全面自由发展的三个"文化尺度"或称为人的文化活动的原则，它们是内在于人的文化价值取向之中的。

人们在实践中，只有"全面地遵循真、善、美三种尺度的有机统一，并在自己的实践活动中进行综合运用，才能使自己的本质力量得到全面的确证"，即实现全面的自由发展。因此，人作为能动的文化主体，在文化育人实践中既要遵循"真""善"的尺度，也要遵循"美"的尺度，自觉坚持真、善、美的统一。

大学也是如此。作为"年轻人涵养信仰和精神的文化殿堂"，"对青年一代以崇真、向善、求美、社会担当为要素的理想主义影响是大学不能放弃的责任"。

第二节　完善文化育人工作的方式方法

文化育人离不开各种文化载体，具有文化教育功能的文化载体有很多，不同的文化载体对人的影响方式有所不同，所运用的育人方法也不尽相同。文化育人的具体方法有很多。从总体上看，文化育人作为文化教育的一种途径，强调以润物无声的方式，潜移默化地教化人、影响人，具有隐蔽性；强调以文化场力的方式影响人，具有场域性；强调在日常生活实践中养成，具有生活实践性。从这种意义上讲，文化育人的基本方法有三种，即隐性育人法、"场"式育人法、生活养成法。这三种基本方法都是比较宏观的概念，各自内含的具体方法有很多，三者之间既互有交叉，又各有侧重。

一、隐性育人法

隐性育人法就是教育者将文化教育信息融于大学生文化活动、日常文化生活或其所处的校园文化环境载体之中，并通过这些文化载体，增强大学生的现实体验，发挥文化的价值渗透、陶冶情操和精神激励作用。隐性育人法作为文化育人的一种基本方法，它不是单一的方法，而是一种完整方法体系。隐性育人的方法主要包括渗透教育法、陶冶教育法和体验教育法。

渗透教育法是"教育者将教育的内容渗透到受教育者可能接触到的一切事物和活动中，潜移默化地对受教育者产生影响的方法"。它教育的方式多种多样，但都必须借助一定的文化载体，如文化活动、文化环境、文化生活、大众传媒等来实现育人目的。运用什么样的文化载体及育人方式，比如，是设计生动活泼的文化活动还是营造轻松和谐的文化环境，是严格文化生活管理规范还是利用先进的传媒手段，教育者可根据教育目的和教育内容的需要进行选择。同时，运用渗透法育人强调要营造一定的文化氛围，如：借助大众传媒的载体，集声音、形象、艺术美感于一体，使大学生在愉悦欣赏的情绪体验中受到感染和熏陶；借助校园文化的载体，营造文明、民主、和谐、向上的良好的校园文化氛围，使大学生置身其中，思想和行为潜移默化地受到同化等。运用渗透教育法重在寓教于境，通过文化环境中的文化价值渗透实现育人。

陶冶教育法主要是指教育者"通过创设和利用各种有教育意义的环境、情境，对学生进行潜移默化的影响，使学生耳濡目染，在道德、心灵、思想情操等方面受到感染、熏陶"。陶冶教育法强调教育者通过营造一种轻松、愉悦、和谐的文化氛围和教育环境，用美育的形象化和愉悦性机制使学生在轻松、愉悦、陶醉的心理状态下接受教育；强调通过情感的调动，激发学生的学习动机、想象力和理解力等。运用陶冶教育的方法，重在寓教于境、寓教于情、寓教于美。要以境陶冶人，通过校园文化环境的艺术性、教育性和具有文化意义的象征性陶冶情操、激发美感；要以情陶冶人，通过学校领导和教师的人格魅力来激励和陶冶学生，以培养他们健全的个性；要以美陶冶人，通过教育教学和环境中一切美的因素陶冶学生的情操。

体验教育法就是通过组织大学生参与各类实践活动，引导他们在亲身经历中获得切身感受，形成深刻理解，并在感受中升华思想认知、形成正确价值观的一种方法。体验教育法强调大学生的主体实践性，强调寓教于行，通过学生积极参与实践活动、亲身接触具体事物、了解事物现象，并透过现象看本质，探究事物的规律，使学生在实践体验中提升自己的思想认识水平和道德实践水平。大学生进行体验的方式有很多，如参与文明班团组织建设、青年志愿者活动、劳动锻炼、社会考察等方式，都可使大学生从中受到隐性教育。

要充分发挥文化育人的隐性教育功能，就要立足于渗透教育、陶冶教育和体验教育，积极探索和创新各种具体的隐性教育方法，完善隐性育人的方法体系，以充分发挥各级各类校园文化活动、文化环境及文化生活的渗透和陶冶作用，加强学生的实践体验，进而实现文化育人的隐性教育价值。

二、"场"式育人法

当文化对人产生影响时，它是以"场"的形式存在的。学校作为一种文化组织，实质上就是一种"文化场"。学校文化场是由学风、教风和校风、校园文化和环境、学校师生员工的精神面貌和社会舆论氛围等文化因素共同形成的一种精神力量，这种精神力量作为一种凝聚力、向心力和使人们积极进取、奋发向上的动能，时刻影响着每一位校园师生，这种精神力量即是文化的"场力"。学校文化场就是以一种综合"场力"的形式释放能量、施教于人的。

具体而言，学校文化场具有激励、感染、凝聚、熏陶、约束和辐射等多方面功能，这些功能的发挥，不是以物体直接接触的方式，而是以辐射或渗透的方式来实现的。我们称这种育人方法为"场"式育人法。所谓"场"式育人法，就是指学校利用"学校文化场"的凝聚力、向心力和感染力，让大学生从整体上感受大学精神，并从中潜移默化地得到精神激励、自省自悟和行为约束，最终实现以大学精神激励人、感染人，以大学"文化场"的综合"场力"整体育人。"场"式育人法是当代高校文化育人中不可或缺的一种基本方法。为了增强育人实效、提高人才培养质量，尤其是随着文化全球化的深入发展，这种方法越来越受到高校的重视。从大学文化建设的兴起到盛行，就可以看出高校对学校文化场的构建、对学校文化场力的锻造与提升的重视程度已经是史无前例。

从总体上看，"场"式育人强调"文化场"整体育人，强调通过文化场的辐射力量对场内人员进行精神激励、气势感召，并促使其在自省自悟中进行自我约束。"场"

式育人法可涵盖的具体方法有很多，除了涵盖隐性育人法之外，"场"式育人法还涵盖一些由显性育人延伸而来的方法，如激励教育法、感染教育法、约束教育法等，下面重点介绍"场"式育人中的激励教育法、感染教育法、约束教育法。

激励教育法就是教育者通过学校文化场中的正能量激发大学生的主观动机，鼓励大学生朝着正确方向和目标努力的方法。激励可分为物质激励和精神激励，二者相辅相成、互为补充。但对大学生而言，精神财富是最宝贵的，精神动力才是成长成才最持久、最强大的动力。激励教育的方式是多种多样的，如通过树立理想，激发大学生为实现理想而奋斗的目标激励；通过奖优罚劣引导大学生思想行为的奖惩激励；通过鼓励创先争优，激励大学生勤奋进取等。学校运用文化场进行激励教育，要立足于大学生成长和发展的各种现实需要，在加强大学生理想教育的同时，建立健全公平公正、奖优罚劣的激励制度体系，以充分激发大学生积极进取、奋发向上的主观动机，并培育良好的校园文化氛围，让大学生在这种文化氛围中获得持久的、强大的精神激励。

感染教育法就是教育者利用学校文化场中一切情境、情感文化因素感染、感化大学生，使其从中受到积极的影响和熏陶。感染教育法的最大特点是寓情于理，其不仅具有浓厚的情感色彩，而且在表现形式上更加形象、生动和自然，这对思想活跃、情感丰富、生活集体化程度较高的大学生而言，更容易产生情感共振，并轻松自然地接受教育。感染教育可分为形象感染、艺术感染、群体感染。感染教育的具体方式有很多，如通过树立学习榜样，通过参观访问或实地考察，通过文艺作品欣赏、品评，通过集体交流互动等。学校运用文化场进行感染教育，要结合大学生的兴趣爱好和阶段性关注的热点，开展丰富多彩的、喜闻乐见的教育活动，如在师生中开展感动校园先进人物评选；组织学生走进敬老院、孤儿院、军营、医院、企业；组织学生赏评文艺作品；聆听先进事迹报告会；开展大型集体性的文体活动竞赛和丰富的网络社区活动等。积极营造生动活泼的校园文化氛围，使学生在这种氛围中受到感染，产生情感共鸣，进而达到寓理于情、以情育人的目的。

约束教育法是指教育者利用学校文化场中一切管理载体，让大学生切身感受到学校规范、严明而有序的管理文化，并促使大学生按照学校的管理要求进行自律自省、自我约束，进而实现寓教于管、以管育人的一种教育方法。管理载体是新时期大学生文化教育的基本载体之一，也是文化育人的重要载体。约束教育法最常借用的管理载体类型有组织管理、制度管理、生活管理，无论是哪一种类型的管理，都要坚持以学生为本，以调动学生积极性、促进学生成长为目的。约束教育法强调自律与他律、内在约束与外在约束有机结合，强调学校文化场与大学生个体互动，是学校以管促改、以管促建，促进大学生自我教育、自我提高的一种重要方法。学校运用约束教育法，要树立以人为本、寓教于管的思想理念，在建立健全学校管理制度并进行规范管理的同时，要把目标从"管"转向教育，转向对学生的尊重和信任，注意发挥学生的自主性，鼓励学生自主管理，体现人文关怀。

三、生活养成法

生活是教育之源。大学生成长的每一步都与平时的学习生活息息相关。生活养成法是指教育者把养成教育融入大学生日常学习生活的各个方面，并以"润物无声"的方式让大学生在日常生活中自觉养成良好的行为习惯、全面提升自身的能力素养。生活养成教育不是大学生在随心所欲的生活中去漫无目的地自我教育，也不是教育者简单地对学生进行强制性的行为约束或行为训练，而是通过一定的教育手段促使大学生在日常生活中自我养成。这种教育方式体现了文化育人的生活实践原则，彰显了大学生的主体性，是文化育人中不可或缺的一种基本教育方法。

大学生生活养成教育是融入生活的教育。有生活在，就有教育在。从这个意义上讲，生活养成教育是一项系统工程，是全员、全程、全方位的教育。全员教育是指大学生的学习生活涉及教育教学、科研、管理和服务等方方面面，需要全员参与。全程教育是指生活养成教育的周期长，在整个大学期间，都要结合大学生在不同成长阶段的生活实际，有针对性、有侧重地开展生活养成教育。全方位教育是指生活养成教育涉及的内容比较广泛，不仅包括高尚思想品行、良好个性人格和行为习惯的养成，也包括良好的专业素养和人文素质的养成。每一项内容中又涉及一系列具体内容，如"高尚思想品行"能涵盖热爱祖国、奉献社会、服务人民、文明守信、勤俭节约、艰苦奋斗等很多方面；"良好个性人格"的内涵也非常丰富，大学生的一切优秀品质和个性都涵盖其中，如自强、博爱、奉献、诚信、友善、勤奋、担当、文明、知礼、豁达、乐观、进取等。

生活养成教育的实施方法也有很多，最基本的方法有正面灌输法、启发引导法、典型示范法、规范管理法。例如，在学校明确了各项教育、管理举措的基础上，运用正面灌输法，对学生晓之以理、动之以情，使大学生加强对学校各项教育管理政策的理解和认同，进而提高思想认识；运用启发引导法，调动学生的内在积极性，使其形成正确的价值认知，自觉参与各项集体活动；运用典型示范法，为大学生树立学习榜样，激励大学生学先进、赶先进，形成"学、比、赶、超"的良好氛围，用榜样的力量带动更多的学生接受养成教育；通过规范管理法，帮助大学生树立自律意识，规范自己的言行，文明修身。

学校开展生活养成教育，要着重从以下几个方面入手：一是要围绕教育任务抓好顶层设计，从全局角度做好统筹规划、整合资源、完善人员和组织保障、细化各项教育工作安排等，以确保教育任务的有效完成。二是要健全各项规章制度，加强管理。生活养成教育涉及大学生教育管理的各个方面，需要一系列的规章制度做保障，如促进大学生生活养成的生活管理制度、学习制度、校园文明行为守则、各项奖惩和资助制度等。在完善制度的同时，还要有效实施这些制度，进而实现对大学生的行为引导和行为训练，使大学生获得养成教育。三是要搭建生活养成活动平台，结合学生的生活实际，以他们喜闻乐见的形式，开展丰富多彩的校园文化生活实践及社会实践活动，使学生在亲身实践中自觉接受养成教育。

此外，开展生活养成教育还要注意以下几个问题：一是要在全程教育的基础上，以新生入学教育为起点，以一日生活制管理为抓手，重点抓好大一新生的生活养成教育，使大学生树立正确的思想认知、养成良好的行为习惯，为他们未来的发展奠定良好的基础。二是要注重让教育融入大学生的日常生活，融入大学生的生活细节。要从大学生的现实生活中充分挖掘和利用各种教育资源、素材和手段，让教育贴近学生实际，符合学生现实需求。三是要注意处理好生活与教育之间的关系，既不能让养成教育离开生活的土壤，也不能一味地迷信生活，用生活替代教育，而要充分发挥教育的指导作用，让养成教育成为指导生活、提升生活的内在动力与现实保障。

第三节　构建协同育人工作体系

文化育人是一项庞大又系统的工程，其育人价值的实现，是诸多要素合力作用的结果。其中，育人的主体、客体、环境、媒介要素是影响文化育人价值实现最重要的因素。从整体上看，文化育人价值的实现主要有三个渠道：一是外在的给予，二是内在的生成，三是媒介的催化。外在的给予包括教育者的价值引导和文化环境的濡染熏陶，内在的生成包括大学生文化主体性的生成和文化自信的生成。媒介的催化，主要是指融教育目的、内容、方法、过程为一体的三大文化活动载体媒介（育人的主体实践育人、客体、环境育人），作为重要的媒介要素（文化载体），与环境要素有机联系在一起，形成高校文化育人的主渠道、主阵地。从这个意义上讲，要有效实施文化育人，需要结合当前高校文化育的人发展实际，着眼于文化育人的四个基本要素，重点从提升教育者价值引导力、建设文化育人主阵地入手，以协同育人体系构建"四要素"。

一、提升教育者价值引导力

教育者是文化育人活动的设计者、组织者、实施者，是教育计划和要求的贯彻落实者与执行者，在文化育人活动中承担着引导大学生价值观发展的重要使命。

教育者的价值引导力如何，将直接影响文化育人的活动成效、影响大学生的成长成才。

因此，要增强文化育人实效，首先要从提升教育者的价值引导力入手。

（一）教育者的价值引导使命

第一，文化育人强调思想文化引领和教化。它着眼于大学生个体意义的生成，强调思想文化的引领和教化。所谓引领就是指引和领导，强调正面的要求和指导，强调主体对客体起主要引导作用。在党的十八大报告中强调要"发挥文化引领风尚、教育人民、服务社会、推动发展的作用""用社会主义核心价值体系引领社会思潮、凝聚社会共识""教育引导党员、干部模范践行社会主义荣辱观，讲党性、重品行、作表率，做社会主义道德的示范者、诚信风尚的引领者、公平正义的维护者"，这是党对文化育人工作的要求，也是高校文化育人内在的价值追求。所谓教化就是教育和感化，它强调"把政教风化、教育感化、环境影响等有形和无形的手段综合运用起来"，强调客体在主体影响下自我体会和领悟的渐变，是把教育内化到人心的一种方式。引领和教化的过程密不可分，二者相辅相成，引领是教化的前提和基础，教化是引领的目的和结果。

第二，教育者肩负价值引导的使命。作为引领和教化大学生成长的责任主体，教育者在文化育人过程中要以立德树人、促进学生全面发展为己任，引导学生追求人生理想与价值，使其思想品德向社会要求的方向发展。教育者在文化育人过程中占据着价值主导的地位，肩负着价值引导的使命。所谓价值引导就是通过设计、组织和实施文化育人活动，引导和帮助学生进行价值选择，实现生活意义。由于人的价值观念的形成过程实质上是由内而外的生成过程，是"基于已有的知识、经验和价值观念，在自我需要的驱动下建构事物的意义"，人的价值世界是个体在自主、能动的状态下生成的，而不是单靠外部力量就能塑成的，教育者的价值引导是通过潜移默化的影响和内心的感召，是以"润物无声"的方式为学生提供精神动力，让学生充满追求人生价值的激情和斗志。

第三，教育者价值引导职能及其体现。教育活动是一种"以培养人为特征而构成的价值认识、价值选择、价值实现的特殊活动"。从这个意义上讲，价值与主体的情感、意志、选择密切相关。引导人追求价值、创造价值是教育的主旋律。

教育者的价值引导职能主要包括引导价值认知、价值选择和价值实现，激发人对价值追求的能动性，促进人价值世界的丰富和发展。

高校文化育人的教育者主要包括通过教学、管理和服务等方式实施文化育人的各类专业课教师、辅导员、党政管理干部和共青团干部、后勤与图书馆等服务人员。教育者的价值引导职能主要体现在课堂教学和日常教育管理与服务之中。教师在课堂教学中可以从各种渠道发挥对学生的价值引导作用，如通过精彩的教学设计，使教学饱含意义和价值，进而引导学生认识真理、明确自己的所需和做出自己的选择；通过自身的价值追求和人生智慧使学生从中受到影响和感召，并在不断反思中构建自己的价值观；通过让课堂充满智慧挑战，唤醒学生求知的愿望，引导学生不断追求更高的生命境界。在日常的教育管理与服务过程中，学校机关、后勤、图书馆、各院（系部）等相关单位和部门的管理干部、辅导员及服务人员，作为第一课堂教学之外的文化育人者，也能立足本岗，通过多种方式对学生发挥价值引导作用，如管理干部通过秉持现代化的管理理念、建立赏罚分明的管理规章制度、采取科学规范而又富有人性化的管理举措等正校风、树新风，培育优质的管理文化和制度文化，引导学生在公平公正的管理文化和制度文化环境中感知学校良好的校园文化氛围，并在潜移默化中受其影响，形成正确的价值观；服务部门工作人员通过微笑式和亲情式服务展现人文关怀，通过丰富多彩的优质服务创建活动来体现"以学生为本"的服务理念，用真情关爱学生，用温馨感染学生，使学生在接受体贴入微的服务中受到感召和教化。

第四，教育者进行价值引导的基本要求。教育者作为学生发展道路上的重要"他人"，其使命在于唤醒生命、激扬生命，引导学生不断迈向更高的生命层次。教育者的价值引导不仅影响学生在校期间的发展，也将对学生的整个人生产生深远影响。可以说，教育者承载的是一种生命重托，使命神圣，责任重大，这要求教育者在价值引导过程中必须达到一定的要求。

其一，要有明确的价值认知。"传道者自己首先要明道。"教育者在文化育人过程中要对"培养什么样的人、怎样培养人、为谁培养人"的问题有一个清晰的认识，并围绕教育立德树人根本任务的角色担当、价值观发展、教育使命及对促进学生发展和社会进步的价值作用，深刻认识自身，深切体察学生的情况及思想困惑，将自身存在与学生发展和社会进步紧密结合起来，主动追求自身存在的价值。

其二，要有坚定的价值立场。"传道者自己首先要信道。"教育者要坚持马克思主义的价值立场，以理性的态度和方式观察和分析当前社会中存在的一些不良现象及学生中存在的一些思想认识问题，正视社会生活中及学生所面临的价值冲突，在对多元文化价值观保持一定宽容和理解的基础上，积极引导学生树立社会主义核心价值观，追求高尚的人生境界。同时，保持自己独立的人格，不轻易为外界不良因素所左右，坚定自己的理想信念，执着地朝着自己认准的目标努力，最终以自己的深邃、理性、独立、执着去影响、激励学生成长。

其三，要树立自身良好形象。"传道者首先要行道。"以身立教是最具影响力和感染力的。孔子说"其身正，不令而行；其身不正，虽令不从"，因此，教育者要培养学生成为什么样的人，自己首先要成为什么样的人。教育者品德高尚、行为端正本身就是一种宝贵的教育资源，对学生价值观的形成与发展具有潜移默化的影响。教育者具有的任何优秀品质，都会通过自己的言行被学生感知，并成为一种榜样力量，引导学生在价值追求和自我完善的道路上不断前行。

总之，良好的教育是引领学生自己"去观察""去感悟""去判别""去表达"。教育者不仅要传承文化，更要为丰富学生情感、磨砺学生意志、完善学生道德引路，他们凭借对学生的尊重与关爱感召学生的心灵，引领学生的成长，这对教育者自身的素质提出了内在要求。

（二）教育者价值引导力提升策略

教育者自身综合素质的高低决定其价值引导力的大小。教育者的综合素质越高，其价值引导力就越强；反之，教育者的综合素质越低，其价值引导力就越弱。要提升教育者的价值引导力，必须从提高教育者综合素质抓起。教育者综合素质的提升，一方面来自学校多渠道的促进，另一方面来自教育者自身的努力。

第一，在学校层面要多渠道促进教育者素质的提升。

首先，要加强教育引导和培训。学校价值观是大学精神文化的集中体现，对教育者的价值观与教育行为方式具有重要影响。学校要着重加强大学精神培育，对学校历史发展进程中形成的优秀精神品质和精神内涵进行深入挖掘；着重加强校风、教风和学风建设，推进学校规范办学，依法治校；着重培育教育者的价值共识，通过广泛讨论和深入宣传来引导广大教育者对学校价值观形成共识，同时加强文化凝练，使之成为全校师生员工耳熟能详且内心认同的重要价值标准，为教育者实施文化育人活动提供价值指导。对教育者培训要分层次、分类别进行。培训种类不同，教育目标也有所不同。教育培训要结合培训对象的工作需要和自身发展需要，以解决现实问题为导向，由培训对象自主选择培训内容和方法，以增强培训的针对性，如针对价值观教育理论基础薄弱者举办相应的理论培训班；针对在价值引导策略、方法、手段运用方面有待提升者，举办相应的实战技术研讨班等。

其次，要强化实践锻炼。教育者的价值引导力从本质上讲是教育者在教育实践中智慧的体现，需要教育者在大量的教育实践中不断进行探索、积累教育经验。因此，学校要积极创造条件，赋予教育者更多的教育自主权，鼓励教育者大胆进行实践探索和工作创新，鼓励他们走出校园，感受社会的发展和时代的挑战，以充分调动他们的教育自主性和创造性。精品化的文化育人活动设计既能展现出教育者的价值引导意识，也能从中分析出教育活动所具有的价值引导性。学校可以通过开展各种品牌性或创新性文化育人活动的评比、文化育人经验交流、成果展示等，激励教育者积极进行教育探索，在实践中锻炼和提升自己。

最后，要健全激励机制。文化育人是一项努力在当下、见成效在未来的工作，实施文化育人必须立足长远、远离功利。为此，学校要建立科学的教育评价机制。对教育者的工作评价要避免简单的指标化和功利化，如只追求开展教育活动的数量，而不注重深层次的教育质量等。要以科学的教育观、人才观、质量观为评价基础，除了采用终结性评价来评价教育者的工作业绩之外，还要建立形成性评价，通过"形成性评价"，对教育者发展过程中存在的问题进行及时鞭策与矫正。

要建立科学民主的管理制度，保障教育者对学校的各项重大决策拥有知情权、参与权或监督权，充分发挥他们在学校管理中的主体作用，进而培养他们的主体意识，激发他们自主发展的动力。要建立科学的人才选拔制度，让真正德才兼备之人走上重要的工作岗位，发挥更大的作用。

第二，从教育者自身层面，要加强自我教育和自我完善。教育者要充分发挥自身的主体作用，通过各种方法不断提高自身的发展水平、提升价值引导力。其中最重要的是要抓好自身的理论学习和经常性的自我反思。

首先，要加强理论学习，增强价值引导的理性。教育者的价值引导力不是与生俱来的，而是经过不断学习积累的，在对各领域知识整合基础上逐步形成的。所谓价值引导力，从根本上讲就是教育者凭借自己的理性思维和价值判断，对教育对象的价值判断和选择所形成的导向力。这种导向力的强弱取决于教育者的理性思维水平，而教育者的理性思维水平又取决于他的理论修养水平，从事任何教育实践活动都离不开教育理论的指导。教育者要提升自己的价值引导力，需要与时俱进，不断加强理论学习，及时更新教育观念，为提升理性思维水平和价值判断能力提供理论支撑。教育者加强理论学习，一方面，要在教育理论学习基础上尽可能多地涉猎各学科领域，学会融会贯通，为价值引导打下广泛的理论基础；另一方面，要结合自己的实际有选择性地进行理论学习，如：主动查缺补漏，针对自己理论上的薄弱之处查找文献进行学习弥补；坚持问题导向，对自己遇到的困惑和难解的问题，通过查阅相关文献、阅读相关书籍，解决疑惑；坚持学习创新，在学习之后结合个人教育实践创造富有个性化特征的育人理论。教育者进行理论学习是为了解决教育问题，为了更好地教育实践。因此，教育者在理论学习过程中，要将学到的理论知识与教育实践相结合，既不机械地照搬理论，又不仅仅局限于实践经验。

其次，要勤于自我反思，提高价值判断和选择能力。教育者要引导学生做出科学、合理的价值判断与选择，必须在自己面临各种现象和事件时能理性地做出谁对谁错、谁好谁坏、谁优谁劣的价值判断，只有在教育者自身判断正确的前提下，才可能对学生进行正确的价值引导，而教育者的价值判断和选择能力更多地来自自我反思。

教育者对自身工作、对教育形势、对所遇到的各种现象和事件经常进行自我反思，对提升其价值判断和选择能力具有重要作用。一名教育者如果缺乏反思的意识和品性，那么他很难从肤浅、感性、庸俗走向深刻、理性和高尚，也很容易沉沦于世，被环境和他人左右，这样的教育者难以胜任大学生的价值引导工作。"当前广大教师之所以会出现价值迷茫和价值混乱，其中很重要的原因就是缺少必要的反思，在多元价值面前不能做出明智的判断和选择。"因此，教育者要不断提高自身的价值判断与选择能力，必须牢固树立自我反思意识，养成自我反思习惯，经常自觉审视和反思自己在价值引导中的价值立场和价值取向，尤其是一些习惯性的思维观念、不经意的举动，使自己成为一名在不断反思中增强理性的教育者和价值引导者。

具体地讲，教育者要经常反思以下几个方面的问题：一是要经常反思自己的职责及自身存在的价值是什么，自己的教育行为是否具有合法性与合理性；二是要经常反思开展某项教育活动的意义是什么，是否以促进学生发展为本；三是要经常反思自己的教育观念是否符合时代发展要求、是否有利于学生发展，尽量避免因思想观念带来的教育偏差；四是要经常反思自身的教育实践，反思自己在价值引导过程中的引导是否到位、是否存在疏漏、效果如何，哪里需要调整和改进等。教育者只有经常进行自我反思，才能时刻对自身的教育职责与存在意义、对所开展教育活动的合理性、对自身教育价值观念及教育实践成效有一个清晰的认识和把握，对存在的不足及时进行调整、完善，这不仅能有效提升教育者的理性思考和价值判断能力，也是提升教育者价值引导力的必经路径。

二、建设文化育人主阵地

文化载体是文化育人不可或缺的媒介要素，既包括物质文化实体，也包括文化活动形式，它既是主体与客体发生关联的重要媒介，也是各构成要素之间协同作用的重要枢纽，在文化育人中具有不可替代的作用。就高校育人的文化活动形式而言，课程育人、实践育人、环境育人是学校文化育人实践的三个基本文化活动形式，它们在学校立德树人目标的统领下，各自有明确的教育目的，有精心设计选择的教育内容和方法，有育人实践的过程，集教育目的、内容、方法、过程于一身，将文化育人的主体、客体、环境要素有机联系在一起，成为高校文化育人的主渠道、主阵地。要增强文化育人的整体实效，必须将课程育人、实践育人、环境育人协同起来，使三者优势互补、形成合力，充分发挥文化活动载体的主渠道、主阵地作用。

（一）课程育人

大学生在校成长、成才，一个最重要的途径就是通过课程学习来获取自身职业发展和综合素质提升所需要的知识、技能和方法。它作为一种重要的文化活动载体，为文化育人三大文化活动载体之首，在文化育人中发挥着最为重要的主渠道、主阵地作用。

要建设好课程育人的主阵地，充分发挥理论育人作用，首先要加强以文化教育和马克思主义理论教育为主要内容的哲学社会科学课程建设。哲学社会科学课程具有重要的育人功能，它既能帮助学生养成科学的思维习惯、形成正确的价值观，也能帮助学生提高思想道德修养、完善人格。哲学社会科学课程是文化育人阵地建设的重中之重，也是落实立德树人任务的根本抓手。中共中央、国务院在《关于加强和改进新形势下高校思想政治工作的意见》中指出，"要发挥哲学社会科学育人功能"。党的十八大报告指出"推动中国特色社会主义理论体系进教材进课堂进头脑"。

在当前社会深化转型时期，人们价值取向呈多元化发展，社会文化环境也越来越复杂化，这既给社会主义道德规范提出了新挑战，也给文化教育提出了新课题。

理论教育如果不能紧密联系社会和学生的发展实际，就很难为学生所接受，也很难发挥出课程育人的重要作用。因此，要发挥课程育人的吸引力、说服力和影响力，必须紧密联系社会发展实际和学生思想实际，关注社会发展对学生思想道德产生的影响，关注大学生自身发展，建设大学生的精神家园；必须围绕立德树人的根本任务，科学制定人才培养方案，突出"以学生为中心"的教学理念、明确人才培养目标定位、优化教学内容与课程体系、完善实践教学体系、改进教学方法、改革学生学业水平考核与评价、强化学生创新创业能力培养；必须注重将立德树人融入教育教学全过程，注重将促进学生专业发展与促进学生自主发展、全面发展、协调发展相融合，强调夯实基础、拓宽专业、强化实践，培养具有良好的职业素养和社会责任感、创新精神、实践能力和终身学习能力，以及基础扎实、视野宽、能力强、素质高的专业人才。

（二）实践育人

实践是认识的源泉，也是育人的基本途径之一。美国教育学家杜威提出"教育即生活"，他认为，人就是在生活过程中、在与周围环境的互动过程中，不断积累经验以获得完善和发展的生活本身就具有教育意义。文化教育是社会共同生活的需要，其工作的开展也离不开受教育者的生活世界。生活世界是受教育者在实践中感知的世界，它是人们认识世界、改造世界、发展各种能力素质的主要场域，文化教育离不开人们的生活世界，一旦离开，就意味着把文化教育与生活实践割裂，使文化教育缺乏针对性和实效性。文化教育只有立足于受教育者的生活世界和他们的生活实践才有其存在的价值和意义。

实践活动对大学生树立正确价值观、增强社会责任感、提高实践能力具有不可替代的作用。实践育人的成效在很大程度上取决于受教育者在生活世界中实践活动的广度和深度，以及他的感悟和理解。文化教育越是扎根于受教育者的生活实践，越是融入他们的生活世界，它就越有生命力、越容易取得教育实效。中共中央、国务院在《关于进一步加强和改进大学生思想政治教育的意见》中提出，大学生文化教育要"贴近实际、贴近生活、贴近学生"，进而强调文化教育的人文关怀性和生活实践性。大学生作为实践的主体，只有其主体性得到充分发挥，文化教育的实效性才能得以显现。从这个意义上讲，"融于生活实践"是文化教育发展的内在诉求。

文化育人强调文化价值观念的内化与外化，无论是内化还是外化都需要个体自身付诸文化行为实践。这种转化实践并非一日之功，而是一个渐进式发展的人文化的过程，需要融于大学生日常文化生活实践之中。而当前高校文化育人还存在学生知行不一、实践育人不足的问题，要克服这一问题，必须立足于大学生的日常生活实践，充分发挥实践育人的主渠道作用。

实践育人的形式是丰富多样的，育人途径也是非常广泛的。最基本的实践育人途径体现在两方面：一是结合学生日常进行教育和管理，以一日生活制管理和各级各类主题教育活动为抓手，进一步完善文化教育工作机制，深入挖掘和利用各种主题教育资源，创新教育载体，有针对性地加强大学生文化教育和生活养成教育。二是结合学团建设活动，以学习创新型团组织建设和各级各类文化实践活动为抓手，创新学生干部培养和学生社团建设机制，强化学生投身实践、践行社会主义核心价值观的意识，加强大学生实践创新能力培养。同时以社会实践活动为载体，加强社会责任教育，"培养大学生服务国家、服务社会、服务人民的社会责任感"。

社会实践是正确思想形成发展的源泉。大学生参与社会实践的过程，既是向社会学习的过程，也是更新思想观念、提高实践能力、增长才干的过程。进行实践育人，要按照中共中央、国务院的《关于进一步加强和改进大学生思想政治教育的意见》要求，积极探索社会实践与专业学习、服务社会、勤工助学、择业就业等相结合的管理体制，认真组织学生参加各级各类实践活动，使大学生在社会实践中受教育、长才干、做贡献，增强社会责任感。

（三）环境育人

环境是指能够影响大学生在校学习生活和成长的整体意义上的校园文化环境。

校园文化是指"大学生在长期学术实践活动中日益积累的物质和精神成果的总和"。校园文化在不同的视角有不同的分类，有物质文化、制度文化和精神文化三类分法。在三类基础上增加"行为文化"的四类分法，以及在四类基础上增加"组织文化"的五类分法，等等。目前，学术界普遍认可的是三类分法，其中精神文化是校园文化的核心和灵魂，表现为大学生共同秉持的价值观念和行为准则。校园文化是大学生思想工作的重要载体，也是培养创新型人才的重要条件，更是提高大学核心竞争力的重要手段。从价值论角度来看，校园文化的根本价值在于对大学生进行文化熏陶、提高其文化选择能力、进行大学文化创造和大学精神文化培育，进而发展社会主义先进文化，引领社会文化健康发展。从育人功能角度来看，校园文化对大学生思想行为有着潜移默化的影响，主要有价值导向功能、思想凝聚和激励功能、行为规范和约束功能、情感陶冶功能等。

校园文化的内容十分丰富，不仅具有鲜明的系统性、价值蕴含性，还具有融合共生性。虽然可以按照不同标准进行人为的分类，但当校园文化作为环境育人的载体时，它是以隐性的文化环境整体出现的。校园文化环境育人是以整体的、隐性的、价值渗透的方式进行的，是校园文化氛围熏陶、濡染功能的体现。它还是指校园文化氛围的长期熏陶和濡染，而不是指某一具体活动或某一种具体事件对人产生的影响。因此，校园文化环境不是自发形成的，而是通过学校自主、自觉地构建而形成的。要充分发挥环境育人的功能，必须自觉加强校园文化建设环境。

构建校园文化育人环境，要认真贯彻党的教育方针，坚持以社会主义先进文化为主导，系统地加强校园文化的软硬件环境建设；要大力加强大学精神文化建设，对学校历史发展进程中形成的优秀精神品质和精神内涵进行深入挖掘，找准其与大学生素质教育的结合点，进一步凝练学校育人的文化精髓；要大力培育优良的校风、教风和学风，推进学校规范办学、依法治校，切实树立良好的大学形象，提升大学文化品位；要系统建设校园的物质文化环境、观念文化环境、行为文化环境、教学文化环境、学术文化环境、管理文化环境、服务文化环境、网络文化环境、媒体舆论环境等各级各类校园亚文化环境；要完善校园文化建设的组织支撑体系，发挥各文化建设单位的育人主体作用；要完善校园文化建设和文化育人长期有效的机制，全方位营造积极进取、健康向上、具有学校特色的校园文化，进而陶冶学生的情操、净化学生的心灵，使校园文化发挥"润物无声"的育人功能。

作为高校文化育人的三大主阵地，课程育人、实践育人、环境育人三者相辅相成、优势互补，共同构成一个完整的高校文化育人体系。其中，课程育人居于三者之首，是最大、最基础的主阵地，以最规范、最系统、最全面、最直接、最科学的方式发挥其教育引导作用；实践育人是第一课堂理论教育最有力、最有效的延伸和补充，作为文化育人不可或缺的第二课堂，在促进大学生理论与实践相结合、知行统一方面发挥着重要作用；环境育人是在第一、第二课堂文化育人之外，校园文化环境从整体上对大学生产生的影响。由于文化环境的影响是一种必然的存在，尽管从序列上排在课程育人和实践育人之后，但其对大学生产生的影响作用是不可或缺、不可替代、不能忽视的。因此，对高校而言，只有充分发挥课程育人、实践育人、环境育人各自的优势，促进三者形成优势互补、协同育人，才能真正建设好文化育人的三大主阵地，也才能提高文化育人实效。

第五章 大学生人文素质发展

大学生人文素质教育的全面发展是高等院校开展人文素质教育课程的出发点和落脚点。笔者重点从加强大学生的心理素质、美育素质、科学素质三个方面进行论述，另外还阐述了高等院校应该从哪些方面加强大学生的人文素质教育。

第一节 大学生心理素质教育

心理素质看不见、摸不着，但是它与我们的身体健康、生命安全息息相关。现在，随着快节奏的生活和各方面压力的加大，许多没有经历过挫折、心理素质不好的学生往往在面对困难时会采取极端的方式。

一、高等院校实施心理素质教育是时代发展的需要

当前，大学生在人际关系、学习、就业等方面的心理问题已经十分集中和突出，不论是时代发展、素质教育、人才培养的需求还是德育工作的需要，都要求必须加强心理素质教育。其应鼓励教师学习相关知识、建立专门的教育机构、开展科学研究、丰富教育内容、发动社会各方力量，以全面推动和实施心理素质教育。

（一）时代发展的需要

改革开放给我们的经济发展带来腾飞的新时代，同时，社会也有了新的特征，即"三高"——高科技、高竞争、高效率。这"三高"要求人们工作效率更高、竞争更激烈，同时也意味着人们要以更快的节奏去面对生活。这要求人们的心理素质

只有更加顽强，才能适应这种快节奏下的压力。

（二）素质教育的核心

换句话说，素质教育就是要求学生德、智、体、美、劳全面发展。《中国教育改革和发展纲要》指出："全面提高学生的思想道德、文化科学、劳动技能和身体心理素质，促进学生生动活泼地发展。"心理素质不是全面发展里某一个方面的素质，但它对其他素质的发展也有着重大地影响。例如，学生的学习成绩会受其本身心理素质高低的影响，同时学生的心理状况也会影响他们的学习态度和遇到问题时的看法。所以心理素质对学生的健康成长有着至关重要的决定性作用。

（三）人才培养的要求

我国已经进入知识经济时代，对所需要的人才提出了更高的标准，更重视人才的心理素质是否过关，以满足高速发展的经济的需要。所以，我们除了传授学生专业知识以外，也要注重对学生心理素质的培养，让他们懂得如何承担压力、化解压力，使其满足时代对人才的需要，为社会主义现代化建设培养优秀的建设者和接班人。

（四）德育工作的补充

心理素质教育也是德育工作的一部分，但是一直以来却被人们忽略。心理素质教育能帮助学校了解学生的心理和需要，学校就能有目标、有针对性地来开展德育工作，进一步提高工作效率。此外，优秀的心理素质和良好道德的形成会相互促进、相互作用。

二、大学生良好心理素质的界定

近年来，一些高等院校通过对学生心理素质教育理论和实践的不断研究，逐步认识到对于心理素质教育应该本着"防患于未然"的态度去采取措施，不能等到学生已经有了心理健康问题之后才对其进行干预，而是应该在平常的教学工作中就有意识地提高学生的心理素质。然而，这仅仅针对的是大学生心理素质教育观念上的一种创新，对于心理素质教育的目标，即大学生怎样才算是具备良好的心理素质，以及如何开展心理素质教育，却一直缺乏深入的探讨和系统的界定。笔者结合多年的学生工作经验和理论研究工作，对良好的心理素质标准设计了描述性的框架。

（一）保持学习的兴趣

具有良好心理素质的大学生能保持对学习、研究有较浓厚的兴趣，有高速处理信息、数据、知识的能力。正常的智力是人进行一切活动的基础和前提，学习是学生的主要工作内容，但是只有心理素质好的学生才能懂得珍惜学习的机会，保持强烈的求知欲，克服学习中的困难，从学习中体验满足与快乐。在兴趣之上，我们还要进一步培养大学生的能力，因为知识经济使知识信息传播手段发生了改变，知识更新周期更短，知识经济正在逐渐取代以往的资本经济，在世界经济发展中所占的比重越来越大，所以更应该培养学生利用知识进行创新的能力。

（二）自我意识正确

自我意识是指学生对自己的认知以及与周围事物关系的认知，对于心理素质好的学生来说，他们的自我意识则更加清晰，能清楚地了解自己，做自己力所能及的事情，也不会妄自菲薄。挫折包含挫折源和挫折感受，大学生出于对内在或外在的需要，有了比高中生更深、更广的需求，遭遇各种各样的挫折的机会也会随着目标的提升而增加；心理素质好的大学生碰到挫折时能更好地分析现状，寻找适合目前情况的最优解，化挫折为自己奋斗的动力。

（三）能协调与控制情绪

情绪对人的健康、工作效率、人际关系等都有着影响，愉快乐观的情绪能给人带来积极的影响，让人对生活充满希望，以一种乐观的态度去对待事物。即使出现悲伤、失落等消极情绪,也能进行积极、有效的调节,这都是心理素质较好的表现。心理素质好的学生,能对自己所处的环境做出客观的评价,及时调整自己消极的心态,和社会保持一个良好的接触关系,使自己的行为与社会的需要达成统一。

（四）保持和谐的人际关系

意志是指人有选择地做出最终行为的心理过程,坚定的意志表现为这个人在自觉性、自制力等方面都有较好的表现。对于大学生来说,拥有较好的心理素质,他们就能在遇到问题时理性控制自己的言行举止,而不是凭本能冲动地做出选择。此外,人际关系的好坏也能反映出一个人心理素质的高低,心理素质好的人能够更容易和他人和平相处,给予别人关爱,接受别人的善意,并有较高的集体荣誉感,能共同协作办事。

以上提及的这四项要求顺次提高,其中,自我学习、科研能力的提高是对一个大学生最基本的要求,也体现了高等院校为国家培养人才的初衷。同时,学生时光是大学生踏入社会前的最后一次准备,也是最充分的一个积累过程,因此它起着承上启下的关键性作用。在这个过程中,除了学习知识之外,对于未来的自我认知,对于挫折的正确对待也是至关重要的。随着知识经济的大发展,无论是在学校还是社会工作中,团队协作都越来越重要。因此,对大学生协控能力和自我解压能力的培养就成了更高层次的要求,同时也是最高的目标,既培养大学生优良的意志品质。

三、大学生心理素质教育目标

学生心理素质薄弱已经成为当代高校教育中的一个不容忽视的问题,向心理素质教育亮了红牌。学生心理素质状况关系高等院校学生素质教育的发展。加强学生的心理素质,保证学生的心理健康,是高等院校工作的重中之重。

（一）树立明确的大学生心理教育目标

心理素质是在先天遗传的基础上，受后天教育和外部环境影响而形成的，包括人的智力因素和非智力因素，所以对大学生进行心理素质教育并不是一件轻松的事情。就当前而言，要想提高大学生的心理素质，就得让大学生形成正确的三观，培养他们的抗挫折能力。

第一，帮助学生树立正确的三观和理想。帮助大学生树立正确的三观和理想是开展心理素质教育的基础和前提，只有树立了正确的三观和理想，大学生才能产生学习的动力，主动面对问题、解决问题。在对大学生进行心理素质教育时，要让他们把自己的理想和现实的学习相结合，这样正确的三观才能对他们的生活起到调节作用，保证他们的心理健康。

第二，培养学生的自我调控能力。大学生对自我情绪的调控能力是他们心理健康的重要保证。每个人的抗压能力都不相同，如果大学生遇到一点问题就难以调节情绪，意志消沉，非常不利于他们的心理健康。所以，在大学生遭受挫折时，我们要给予他们正确、积极的引导，帮助他们认识挫折、战胜挫折，帮助他们培养抗压能力，让他们从挫折中吸取经验，化挫折为动力，下次出现类似的情况就能自我调节情绪，走出困境。

第三，培养大学生良好的性格。性格能反映一个人的心理状况，培养学生良好的性格是人类教育的目标之一，良好的性格有助于学生在以后的生活和工作中被他人接受以及接受其他人或事物。大学生正处于性格发展的关键时期，任何外部事物都有可能影响他们性格的形成，所以学校在这时要寻找合理的途径，科学地培养大学生的思想道德素质，加强学生的心理素质，尽可能引导学生积极向上发展，让学生形成阳光、乐观的性格。

（二）大学生心理素质教育途径选择

选择一个好的心理素质教育途径对提高大学生的心理素质有着非常重要的影响。根据我国目前高等院校大学生心理健康的实际情况，可以从以下几个方面进行改进：

第一，为学生创造良好的校园文化环境。大学生的心理健康成长会受到校园文化环境很大的影响，良好的校风、正能量的活动、干净整洁的学习环境都会直接或间接地影响大学生的心理健康。一个好的校园文化环境会在无形中对学生进行熏陶，并激励学生好好学习，使其减轻心理压力，形成良好的心理素质。

第二，为学生创造良好的人际关系环境。人际关系的好坏往往反映了这个人的心理健康状况。心理研究表明，人对于爱、关心等人际交往活动产生的需要不亚于他们对食物的需要，如果只有物质上的满足而没有精神上的满足，人就会产生心理层面上的"营养不良"。对的大学生来说，和谐的人际关系能帮助他们获得他人的认可和尊重，引导其树立健康的心理态度。所以，高等院校应该多鼓励学生进行合理的人际交往，并通过组织相关的交往活动，锻炼学生的人际交往能力。

第三，充分发挥心理教育课程的引导作用。许多高等院校都开设与心理教育内容相关的课程，但是许多课程都流于形式，并没有真正对学生起到引导作用。所以高等院校要充分重视心理教育课程，发挥其与学生沟通的渠道作用，通过一系列科学的教学方法，让学生认识到自己的心理状况，有不好的情况及时调整，进而提高学习效率。此外，还要注意培养学生乐观、积极、独立自主的心态，完成心理素质教育。

第四，学校要积极开展心理咨询活动。高等院校心理咨询是维护大学生心理健康的有效途径。高等院校心理咨询机构是学校心理健康教育的特设机构，是咨询人员对于求询的大学生从心理上进行帮助的机构，其目的是帮助大学生纠正心理上的不平衡，改变原有的认知结构和行为模式，以提高大学生的社会和学习适应能力。

学校心理咨询的形式多种多样，有个别咨询、群体咨询、电话咨询、心理咨询等。咨询的内容涉及大学生生活的各个方面，如大学生的入学适应问题、人际交往问题、早恋问题等。实践证明，心理咨询是消除大学生心理困惑，使大学生走出心理误区，维护其心理健康的有效途径。

从目前来看，学校内部的心理咨询是学生最有可能接触到的了解自己心理健康情况的渠道。所以，高校要特别重视心理咨询机构的开设情况，多开展心理健康调查活动，帮助学生维护自己的心理健康状况。学校心理咨询的形式五花八门，重点要解决学生的人际交往、情感纠纷、学习压力等问题。在进行心理咨询时，要注意保护学生的隐私。

四、提高大学生心理素质的有效途径

要想让学生拥有良好的心理素质，需要学生本身、家庭和学校，以及社会的共同努力。就学校而言，应该竭尽所能地对大学生进行心理素质教育。

（一）重视并开展心理健康教育

心理健康教育是为了促进学生心理健康全面发展而开展的，这是一系列有组织、科学的对大学生进行心理影响的教育过程。要想这个过程能顺利进行，高等院校得对学生的心理健康教育有清晰的认识，要从学生的角度出发，增强其自我教育能力，维护其心理健康，预防其心理疾病。学校对此可以开设专门的心理健康知识讲座和一系列的心理健康宣传活动。

（二）积极开展心理咨询活动

心理咨询是运用理论的、科学的、系统的方法给咨询对象提供帮助，解决他们心理疑惑的过程。心理咨询具有补偿性、指导性、调节性等功能，这决定了它在维护大学生的心理健康过程中起着不可或缺的作用。高等院校开展心理咨询活动，必须让负责心理咨询的教师系统地学习专业的心理学知识和技巧，能冷静、客观、科学地对遇到的心理问题进行分析和给出建议。此外，学校还必须意识到心理咨询不是安慰，而是让学生正确看待自己面临的问题，积极主动地参与到解决问题的过程中。

（三）加强个性化的心理素质教育

个性是在一定的社会环境下形成的个人品格，是一个人与他人区别开来的独特之处。个性化心理教育是为了健全大学生的个性心理，既对大学生本人的全方面发展有积极意义，又能满足当前社会对人才的需要。所以，在对大学生进行心理素质教育的过程中，也要注重运用个性化的心理健康教育模式。

（四）重视并引导学生进行心理训练

心理训练是指通过外部指导和训练来对自己的心理状况进行自我调节的方法，这种训练是个体与外部环境进行信息、能量交换的过程。在这个过程中，自身越积极、越主动，则自身的发展就会越完善。引导学生进行心理训练，有利于增强学生自身的心理素质。引导学生进行心理训练要从三个方面入手：一是要引导学生一分为二地看待事物，学会自我剖析；二是要引导学生学会自我调节，利用客观条件来调整自己的心理状况，提高自己的心理素养；三是要增强学生的自我构建意识，鼓励学生进行自我完善。

进行心理训练的方式多种多样，总的来说，心理训练是为了增强学生的心理素质。心理素质的培养又涉及多方面、系统化的呵护，学校要对此给予重视，以促进学生德、智、体、美、劳全面发展。

第二节　大学生美育素质教育

一、美育对大学生人文素质教育的意义

实施素质教育是为了全面贯彻党的教育方针，提高国民素质，为社会主义现代化建设培养德、智、体、美、劳全面发展的社会主义接班人。实施美育教育对大学生来说，不仅能陶冶学生的情操、提高他们的文化素养，能促进他们的全面发展。所以，美育对于素质教育来说有重要意义。

（一）美育是人文素质教育的重要组成部分

对于大学生来说，他们应该具备思想道德素质、身心素质、审美素质、文化科学素质、劳动技能素质，其中审美素质指的是培养正确的审美观念和健康的审美情趣，提高审美感知力和审美创造力。审美素质是素质教育不可缺少的一部分，提高审美素质可以通过美育来实现。

美育又叫作审美教育，是一种感性教育和趣味教育相结合，以促进大学生完整的人格形成，是培养完整人格的一种教育形式。它既能培养大学生对美的感受力，又能让大学生树立正确的审美观念，陶冶生活、美化生活。美育和德育、智育、劳技教育等虽然有联系，但是也有本质区别。

德育是在规则中对人起到激励、升华的作用，是有目标地调整和规范人与社会的关系。智育是通过对人系统化的培养，使人掌握文化知识，注重的是人与自然之间的关系。体育是通过运动形式让人拥有健康的身体，侧重的是人与身体之间的关系。劳技教育是指有意识地培养学生的生存能力，注重的是人与社会之间的关系。美育则是通过培养人们的审美能力来提高人们创造美、欣赏美的能力，注重的是人与现

实之间的审美关系。美育相比其他几个"育"，有自己的独特之处，理所应当成为素质教育的一部分。

（二）美育是实施素质教育的基本路径

第一，以美辅德。人的思想素质的提高，可以通过德育来提高；但是思想品德教育也应该对学生产生潜移默化的影响，这时美育就能发挥作用。以美来引导学生向善，通过审美来帮助学生懂得善、恶、美、丑，通过美育来帮助学生树立理想。例如，一首积极向上的，融合了爱国主义、集体主义的歌曲，就能净化大学生的心灵，激发学生对美的热爱，从而实现道德的内化。

第二，以美益智。美育能够促进智育，通过美育，可以培养大学生对学习的兴趣，开阔学生的眼界。美育在各学科中都能有所体现，可以通过给学生美感来引导学生去发现美，能够在这个发现美的过程中掌握知识，从而提高大学生的文化素质。此外，美育还可以培养学生的动手、动脑能力，丰富学生的想象力，提高学生的观察能力，充分挖掘学生的潜力，培养学生的创新精神和实践能力，从而推动科学的进步。

第三，以美健身。体育注重的是"身"的锻炼，美育则注重"心"的调整。通过审美教育，人的自我调节功能会得到增强，让自己的心情处于一种放松的、愉快的状态，与体育相协调，保持人的身心健康。此外，美育还可以在体育训练中发挥人对美的追求，让人追求健美。

第四，以美促劳，提高大学生的劳技素质。美育具有自由性，大学生更乐意接受。其在潜移默化中帮助大学生认识劳动本身的审美属性，从而使他们明白劳动是创造快乐人生的起点，是创造美好生活的源泉，是人们生存于世界的最为神圣的活动，有助于大学生摒弃轻视劳动和鄙视劳动的思想。人们在劳动过程中认识和改造了世界，展现了人的本质力量，这本身就是美。美育还能够帮助大学生体验劳动成果的审美价值，在参加劳动的喜悦中，劳技教育达到了科学和艺术相结合的境界，使学生充满着创造的智慧和欣喜，感受到精神的满足和享受，树立了热爱创造美的劳动的情感。在劳技教育中渗透美育还将有助于培养大学生的承受能力和培养其良好的社会适应能力，进而提高他们的创造精神和实践能力。

为了让大学生明白美育在整个人才培养教育中的作用，就得在推行素质教育的时候始终坚持美育，才能为社会主义建设培养更优秀的建设者和接班人。

二、高等院校加强美育素质教育的价值及其实现途径

"美是人类提高自己和超越自己的一种社会机能。有了这种机能，人就能够从野蛮走向文明，从单纯的自然存在走向自觉的有意识的精神存在。美是人类精神文明的结晶，它能提高人的精神修养和精神境界。"审美教育通过自身的感染力和吸引力来吸引学生产生兴趣，使学生在被熏陶的过程中逐步培养逻辑思维能力。所以说，接受审美教育对学生的全面发展有重要意义。

（一）审美教育在人文素质教育中的作用和价值

第一，审美教育有助于学生智力的发展。蔡元培先生将普通教育的目标归纳为"养成健全人格"和"发展共和精神"，把美育作为国民教育的一大宗旨，认为"美育是一种重要的世界教育"。在今天看来，我们可以得知美育确实对智力的提高有着促进作用，这种作用正是因为情感的碰撞而形成的。

大学生在艺术活动中美的刺激下；理性情感和感性情感相互碰撞，为创造提供了动力。此外，审美教育还能陶冶学生的情操，提高其审美能力，刺激其右脑的发育，培养学生的思维创造能力。

第二，审美教育可以促进学生非智力因素的发展。审美活动是审美感性和德育理性沟通的桥梁，情感教育对理性教育又有促进作用。列夫·托尔斯泰曾说："人们用语言相互传达自己的思想，而人们用艺术互相传达自己的感情。"我们可以从

中看出美育其实传达的是一种感性的情感，而美育教育则是一种情感教育。

审美教育可以丰富人的精神世界，提高人的想象力，并促进学生的大脑、肢体协调发育，从而让学生得到全面的发展。美术是审美教育在群众中最具影响力的宣传、教育工具，能让其在对美的感受中接受教育，净化人们的心灵。此外，一些具有积极教育意义的影视作品也能让学生从中分辨美丑、懂得善恶，从而熏陶学生的心灵，让学生的内在和外在实现和谐统一。

第三，审美教育可以提高学生的创造能力。创造能力是人理性思维和感性思维的结合物，它源于人的情感、兴趣和需要。审美教育能给素质教育带来积极的影响，其中的重要原因在于它能激活学生脑海中未利用的资源，从而使学生的大脑进入一种放松的状态。换句话说，审美教育的作用就是解放学生情感的过程，在这个情感释放的过程中，他们所受到的束缚不断减少，从而保持大脑的活力，进而有助于学生非理性因素的发展。

黑格尔曾说："艺术是一种较高尚的推动力，它所要满足的是一种较高的需求，有时甚至是最高的绝对的需要，因为艺术是和整个时代整个民族的一般世界观和宗教旨趣联系在一起的。"从中我们可以看出，艺术的作用是能够进一步完善人的力量，激发人的创造力，从而促进人的健康成长。

（二）高校审美教育的现状和存在的问题

高校审美教育由于其独特的个性、创造性在素质教育体系中表现得尤为突出。每个高校在教学方法、内容、形式上都有自己的独到见解，在艺术课程上，学校的投入和重视程度也与其他学科课程有所不同。总体来看，高校在具体实施审美素质教育方面与国家规定的要求仍然存在差距，如普及面狭窄、课程开设不全面、美育课程并没有与知识类学科紧密结合等。

（三）高校审美教育应采取的措施

为了推进高等院校审美教育的规范化和制度化，不断提高教育水平，应采取以下三个方面的措施。

第一，有效提高学校的管理水平。高等院校要建立完整的审美教育监督、管理体系，设立专门的管理部门对相关的工作进行规划、指导和组织，努力提高高等院校的管理水平，使审美教育逐渐融入高校的日常管理中。

第二，提高课程质量。在开展审美教育课程时，要注重课程质量，积极利用现有资源去推动课程改革。此外，各高等院校还应该结合实际情况，努力为学生创造条件，合理开设各类艺术课程，满足学生对艺术发展的需求。加强本校对审美教育的研究，规范审美课程教学。

第三，提高师资水平。高校教育不同于基础教育，学生这时已经具备一定的思考、判断能力，自我意识正在逐渐增强，所以高等院校在进行审美教育时，需要聘请具有专业教学能力、懂得美、有正确审美观念、爱岗敬业的教师，增强学校的师资力量，从而提高课程的教学质量，完成对学生正规的审美教育。

正确的审美观念能让学生更好地认识世界、改造世界，并且有助于建设社会主义精神文明。

三、美育在高等院校素质教育中的运用

美育是指受教育者系统地接触和欣赏各种类型美的事物，懂得美的含义，学会发现美，用心去感受美，并对美有自己的理解，然后创造美，从而进一步提高自己的艺术修养和陶冶情操，促进自身全面发展。在素质教育中，美育相对于其他教育有不可代替的功能与作用，其对提高学生素质、促进学生身心发展起着积极的推动作用。

（一）以美辅德，提高大学生思想道德素质

苏联教育家苏霍姆林斯基说："美是道德纯洁、精神丰富和体魄健全的强大源泉。"美育能促进人的理想形成，能激发个人爱国热情、培养高尚道德品质、促进心理健康和个性发展。

美育是在以个人爱好的形式，让大学生在快乐中接受教育，能让学生拥有更高的自觉性和积极性，在审美教育中认识什么是美，激发人的个性，并帮助其发展。美育活动主要是通过形象思维来展示，我们又称之为情感陶冶工作。教育人总是要动之以情、晓之以理，而美育是以情感人、以情动人，对学生进行思想品德教育，促进学生完美人格的形成。许多优秀的文学艺术作品起到了教育引导作用，像《刘胡兰》《一八九四甲午大海战》等影视作品就会对学生理想的树立、高尚品德的形成产生积极影响。这些优秀的文学艺术作品以它的人物美、思想美、行为美、精神美、事业美鼓舞着学生奋发向上，进行影响和引导，增强学生对真、善、美、假、丑、恶的分辨能力，激发其爱国热情，提高其思想和道德水平。

（二）以美益智，开发大学生内在潜能

国外科学家早在一百多年前就已证明人的左右大脑功能各有不同，只有把左右大脑的功能全部开发，这个人的智力开发才算完善且均衡。但是现在各高校只有少数几门课程涉及左右脑开发，擅长创造的右脑半球的特殊功能被人忽视，而美育正是开发人的右脑的教育。美育有利于左右脑的协调发展，使人的智力得到充分开发。

在素质教育中，美育可以激发大学生的学习兴趣，变苦学、厌学为乐学，提高智育效果。在审美活动中，通过对自然美、社会生活美和艺术美的欣赏，也能激发大学生的学习兴趣，让其化被动为主动，主动去获取科学知识，培养学生的观察力、想象力和实际操作能力，进一步促进大学生的知识结构完善，达到提高文化素质的目的。

（三）以美健体，提高大学生身体素质

人们的审美追求决定着对形体美、动作美的需求，这是大学生主动发展和进行体育活动的动机、持久性的源泉。美育能促进体育的发展。

体育是健与美的结合，它不仅可以使人体魄强健、精神愉悦，还可以锻炼意志、增强毅力。体育活动内容丰富多样，有武术、游泳、跳水等，这些体育活动中蕴含的体态美、动态美都是美育因素的体现，美育因素有助于大学生体育运动的开展，使其能够增强身体素质。

（四）以美育人，培养创新型人才

未来的社会需要创新型人才，在 21 世纪人才培养中，美育占有十分重要的作用。美育是提高大学生审美素质的重要一环，人们对美的追求会刺激科学的创新。美育和创新之间互相作用、互相成就，从对创造力有重大影响的"动机因素、智力因素、个性因素"三大因素来看，这些无一不与审美修养有关。

人们对美好事物的渴望、丰富的美感修养，可以强化人们探求未知的动机。右脑半球的幻想、联想、直觉、悟性在于得到文学艺术的长期熏陶，对美的直觉，爱美的情操，对美的兴趣、爱好、特长的培养都需要通过多种美的形式来实现。因此，在素质教育中重视美育，重视创新人才的培养，如此才能大大提高大学生的综合素质。

四、高等院校推进美育素质教育的方法

没有美育的教育是不完整的教育，没有艺术素养的人是不完整的人。可见，美育教育在高等院校教育中占有非常重要的地位。特别是推进素质教育进程的今天，薄弱的高等院校美育工作应该花大力气，通过让学生感受美、鉴赏美、创造美来夯实大学生的艺术素质基础，激励大学生美的创造。近年来，高等院校在实施素质教育的过程中，十分重视美育工作，在学校师生的共同努力下，取得了可喜的成绩。

（一）构建美育工作网络，强化美育意识

加强队伍建设，强化教师的美育意识。因为教师是实施教育的主导，只有全体教师，特别是艺科教师明确肩上的责任，才能发挥其聪明才智，最大限度地为艺术教育贡献力量。构建学校美育工作网络，让艺术教育落到实处。意识的强化、网络的构建、保证了学校美育工作将朝着健康、发展、有特色的方向前进。

（二）加大美育软硬件投入，优化美育环境

美育工作的目的是提高学生的艺术修养，让学生能发现美、感受美，最终创造美。高校要想更好地开展美育工作，就得提供一个软、硬件设施完善的美育工作环境。只有在这样的环境下，师生才能有创造美的冲动和想法，进而塑造出完整的人格。

各高等院校要抓紧硬件设施建设，做好美育工作的基础，以确保美育工作的正常开展。画板、写生台、素描模型、球、圈、带、棒、练功房、写生画室等硬件设施，为学校艺术教育及艺术活动的开展奠定了坚实的基础。

抓校园文化，营造美的氛围。美的教育不仅要靠课堂、靠活动，还要靠校园文化建设的潜移默化。通过文化景点、绿化、美化、香化来营造美的氛围，让学生接受美的熏陶。

抓软件建设，落实美育教研，定期开展教研活动，注重教学常规。在教学工作中，搞好常规教学是前提，它是保证教学能正常进行的行之有效的规范要求。因此，要坚持工作的落实，按照学校制定的教学大纲，根据具体情况完成教学工作，并注重教学中知识结构的完整性。

（三）注重普及和学科渗透，提高美育效能

美育教育坚持学科渗透和大面积的艺术教育的普及工作，十分强调全体大学生成功接受美的教育，以提高美育效能。通过艺术教育及活动，推进高等院校素质教育进程。

全体教职员工都应该成为美育工作的传播者和实践者，在教学过程中对学生进行美育思想的传播，让大学生在学习科学文化知识的过程中感受美、欣赏美，激发美的创造欲望，从而创造美。学校艺术教研室每周均要对部分教师、部分学科的美育渗透工作进行督导和检查；每月举行一次学科美育渗透的教研专题会议，研究美育渗透的方式和方法；鼓励教师主讲学科美育渗透教研课，每学期评选优质学科美育渗透课，并与教师基本功过关和年度考核挂钩。

第三节 大学生科学素质教育

一、加强大学生科学素质教育的重要性

在全社会大力加强社会主义精神文明建设的过程中，各高校的基础文明教育工作也有所成效，但是随着时间的流逝和对素质教育的进一步研究，人们也发现基础文明教育的现状是"学生该干啥干啥"，这样的结果不得不引人深思。

基础文明教育要想取得成效，既要加强校风管理，又要提高学生的科学文化素质。

（一）科学文化素质教育是基础文明教育的根本

从实际情况来看，大学生的基础文明教育难以取得一个让人满意的效果的关键原因在于这种教育形式只是对以往知识的枯燥重复，没有根本改变应试教育所带给学生的负面影响。

比如在考试中存在的作弊现象，这既反映了学校的管理工作需要加强，又反映了学生的浮躁心理和学风不正的情况。作弊行为体现的是学生对知识的不尊重，其科学精神、科学态度严重缺乏，而这些正是人文素质的重要体现。

现在，许多高校对作弊行为都有严格的处罚，甚至抓到一次就直接开除学籍，

但是作弊现象仍然屡禁不止。想要杜绝这种现象，就必须提高学生的科学文化素质，才能引起学生对科学观念和科学发展的关注。

基础文明教育就是纪律教育和道德教育，但是如果没有科学素养，基础文明教育就是养成教育，不能让学生主动去学习、主动去探索科学的真谛。科学精神要求我们尊重客观规律，从实际出发，强调实践的重要性，这也正是纪律教育和道德教育所强调的内容。所以，要想基础文明教育有所成效，就得提高学生的人文科学文化修养。

（二）科学文化素质教育是社会发展的需要

因为人们一向认为高等院校是培养专业人才的地方，学生自然也是拥有较高科学文化水平的群体，所以主要向学生传授科学文化知识，从而忽略了科学文化素质的培养。但是社会发展对学生综合素质的要求越来越严格，所以就需要加强学生的科学文化素质。

首先，个体素质可以分为三类，分别是身体素质、心理素质和文化素质。这三者相辅相成、相互联系，对人的整体素质的培养都发挥着重要作用。在这三者中，社会文化素质又最为重要，它由科学文化素质、思想素质、道德素质、能力素质四者共同构成。在这四者中，科学文化素质又更为重要，是其他三者的基础。所以高等院校学生的素质教育要以科学文化素质为中心，带动其他素质的发展。学生要是拥有良好的科学文化素质，就能以正确的三观和方法论去看待事物、看待自己的成长道路，且会在社会竞争中具备更强的竞争力，能够更好地实现自身价值。

其次，人们教育观念的功利性也导致学校教育的片面化。人们只重视能给他们带来利益的知识，而忽略他们认为不重要的知识，这也导致一些理工科学生缺乏人文素养，而文科学生想法又容易脱离实际。

最后，在现代科学的不断发展中，许多学科都相互关联、交叉，学科与学科之间的联系越来越密切，尤其是人文科学学科和自然科学学科相互交融的趋势越来越明显。社会现在需要的是符合发展需要的复合型人才，所以在进行高校教育时要立足时代需要，改变传统的教育理念，加强科学文化教育，培养符合时代需要的人才。

（三）加强学生科学文化素质教育的途径

第一，转变教育观念。教育的使命已不仅仅是使学生学会知识，它既要提供一个复杂的、不断变动的世界地图，又要提供有助于在这个世界上航行的指南针，使学生学会在一定环境中工作，以获得专业资格，而且从最广泛的意义上讲，能够获得应付许多情况和集体工作的能力。首先这种能力不仅是实际动手能力，还包括处理人际关系能力、集体合作态度、主观能动性、管理和解决矛盾的能力，以及敢于承担风险的精神等综合能力。其次是学会共同生活，培养在人类活动中的参与和合作精神，以便与他人一道参加活动，并在这些活动中进行合作。最后是学会发展，教育应当促进每个人的全面发展，即身心、智力、敏感性、审美意识、个人责任感、精神价值等方面的发展，应当使每个人都能够借助所受的教育，去形成一种独立自主的、富有批判精神的思想意识，以及提升自己的判断能力，以便由其决定在他人生的各种不同情况下做他认为应该做的事。

我们习惯把思想教育、业务教育和身体训练看作教育的全部任务，现在将包括科学意识、科学精神在内的科学素质教育及文化素质教育，尤其是人文教育视为综合素质教育的一项重要内容，是具有战略意义和符合世界教育改革潮流的，否则，教育就不再是完全意义上的教育。而我国因为企业经济效益低，产品缺乏竞争能力，农业科学技术得不到普遍推广，宝贵的资源和生态环境得不到充分利用和保护，一些不良的社会风气屡禁不止的情况难以得到改变，科教兴国的战略国策就难以实现。

切实搞好科学文化素质教育的根本就是转变教育观念，而转变教育观念的关键在于校长和各级领导的重视。没有领导观念的转变，就不可能有高瞻远瞩的决心、切中时弊的措施以及学校教务、学生工会、后勤等部门的协同作战，综合素质教育也就不可能有真正的突破。

第二，改革高等院校课堂教学。高等院校课堂教学是学校教育的主阵地、主渠道，大学生科学文化素质教育也不例外。然而，我国高校长期以来相同的专业实行统一教学，造成了培养的人才类型和规格单一，背离了知识、个人与社会具有多样化的特点，也不能满足社会发展对大学生素质的要求。所以，高校必须进行课堂教学改革。

首先，要对教育模式进行改革，减少必修课，增加选修课，加强基础课。借鉴美、日等国的经验，结合我国高等教育的实际情况，在高等院校开设文化素质修养课势在必行。文化素质修养课有思想教育类、自然科学类、社会科学类、人文科学类、艺术类、语言类、体育卫生类及其他众多课程，内容几乎包括人类在社会历史实践过程中所创造的一切物质财富和精神财富，特别是我国优秀的传统文化，对人们，尤其是青少年具有巨大的培养和塑造功能。

其次，要开设辅修专业，即在不延长学制又无须大量投入的情况下，使大学生受到本专业之外的另一专业训练，以增强社会适应性。

最后，各科教师都要注意挖掘丰富的人文素质教育内容，并把它们渗透到课堂教学中。在不增加课时的情况下，不知不觉地对学生的文化素质进行培养，而且说服力强、作用大。

第三，培养高素质的教师队伍。办教育、办学校，教师是主体；教学活动，教师是主导。因为教师能够直接面对学生，所以，高素质的教师在教学过程中不仅能把业务知识传授给学生，而且能以正确的人生观、价值观、优良的思想作风、严谨的治学态度、科学的思维方法影响并教育学生。因此，加强科学文化素质教育，促进学生综合素质提高，必须提高教师队伍的整体素质，使教师真正融传道、授业、解惑为一体，言传身教，为人师表。

培养高素质的教师队伍,需要学校和教师双方的共同努力。学校要为教师的学习、科研、进修提供良好的条件,教师个人也要积极创造条件,不断提高自身素质。

第四,营造浓厚的校园文化氛围。一是要积极举办有利于提高学生科学文化素质的相关系列讲座;二是要大力开展社团活动、科技节、文化艺术节等校园文化活动,让学生在丰富多彩的校园生活中受到陶冶;三是要加大经费投入,尽量改善教学、实验设备和更新、补充图书资料,大力加强校园自然景观、人文景观设施建设,使学生尽早使用先进设备进行学习,尽早接触先进科学技术,并能够在优美的校园环境中启迪思想、陶冶情操、升华精神,提高科学文化素质。

第五,注重实践。实践包括科学实践和社会实践。科学实践主要是科学实验和科学研究,除了正常的教学计划安排外,还可以让学生积极参与教师的科研活动,以增加科学实践的机会,培养学生的科学精神、科学态度,锻炼思维,提高正确分析并解决问题的能力。社会实践主要是社会调查和社会服务,它为学生了解、认识社会创造了条件,也为学生客观地认识、评价自我创造了条件,对学生的素质提高和成才具有重要意义。此外,按照当代科技及教育的发展趋势,深化高等教育改革,注意自然科学和社会科学相结合,基础学科和应用学科相结合,教学、科研、生产相结合也是培养、造就高素质人才的重要手段。

二、高等院校加强科学素质教育的原则

随着现代科学技术重要性的逐步增强,未来教育将更加重视科学教育,以科学教育为前提。由于科学技术的飞速发展,科学素养的提高也越来越重要。科学上的许多重大发现,比如有关宇宙或者生物技术的进展,深刻地影响着人们看待自我的方式。社会发展客观上要求人才的培养改变单一型的结构,全面提高大学生素质。那么在科学教育的学习中,大学生要遵循哪些原则呢?

（一）主动性原则

主动性原则是指学生在参与学习的过程中，积极地参与到各项教学活动，以达到提高科学素养的目的。

教育家杜威认为，"学生要想获取经验，就必须亲身体验"。所以他主张学生要从实际生活入手，在实践活动中寻找解决问题的办法。在杜威设想的教学过程中，学生担任一个主动探索和解决问题的角色，体现出较高的主动性。

科学教育中的主动性原则要求以马克思主义理论为具体实践的基础，主动追求探索事物之间的联系，并以亲身体验来汲取新的知识，提高自己的能力。主动性原则要求学生在接受科学教育时做到以下几点：

第一，保持强烈的求知欲。即对周围的事物保持强烈的好奇心，对不知道的原理会耐心追问、积极观察，并一直坚持下去。

第二，积极主动参与。在接受科学文化教育时，要保持一个主动的态度去积极思考，敢于发表自己的观点，与他人友好合作，积极参与各种活动。

第三，主动负责。在科学探索过程中，要懂得与同学间相互包容和交流，允许存在不同的观点。在有挫折时能够自我调节，遇事能够勇于承担责任。

第四，学会自我反省。在接受科学素质教育过程中，既要学会客观评价外部事物，又要学会自我反省。反思自己在整个过程中存在的不足和值得表扬的地方，不断寻找问题，实现自我完善。

科学教育与传统教育不同的一点在于前者更注重学生接受教育时的状况，是否能主动探索问题、主动学习。只有摆脱了单方面的被动输出教育，学生的科学素养才能得到提高。

（二）独立性原则

独立性原则是指学生能在学习过程中独立自主，具体表现为能独立地发现问题、思考问题、解决问题。

独立思考精神是科技素质教育的必备精神。只有具有独立思考精神的人，才能敢于向权威发起挑战，不人云亦云。只有这样才能让学生贯彻科学精神，为科技发展做出贡献。

科学家非常重视科学活动中的独立性，爱因斯坦就曾指出："发展独立思考和判断的一般能力，应当始终放在首位，而不应把获得专业知识放在首位。"拥有独立思考能力的人更能适应时代的变化。

学生在学习科学知识时坚持独立性原则，对其学习知识也有着重要意义，能够独立思考的学生往往更容易取得成就。所以，在培养独立精神时，要注意以下几点：

第一，保持独立思考。凡是有自己的见解和观点就说明已学会什么是独立思考。培根在《新工具》中曾讲过三种不同的学习方式：一是蚂蚁式的学习，只会收集材料；二是蜘蛛式的学习，只会口中吐丝；三是蜜蜂式的学习，博百花酿出蜜。不会独立思考，就像吃了东西不会消化。且独立思考的同时要秉持辩证主义，不要只是片面地考虑问题。

独立思考的又一标志是懂得发现问题、提出问题。对于科学学习来说，提出问题往往比解决问题更重要。从不同角度看问题，就会有新的发现。

第二，提高独立学习的能力。要想提高独立学习的能力，就得先了解自己本身的调节能力，要对自己有个清晰的认识。比如明白对于自己来说，什么样的学习方法和学习时间更能提高自己的学习效率。

（三）参与体验原则

参与体验原则，顾名思义就是要求大学生在科学教育中，积极参与各种学习和实践活动，并表现在发现科学知识、解决实际问题过程中获得体验，从中学习和掌握新知识的一种积极倾向和主动行为。参与体验包括参与意愿、参与动机和参与能力三大要素。参与意愿是指在科学认识活动中表现出的一种积极、主动的倾向性心态，以及强烈的求知欲、好奇心和探索精神；参与动机是指对科学认知活动目的意义的认识水平；参与能力则是指投入科学认识活动时所需的各种适应能力。

在科学认识活动中，大学生具备积极、主动的参与精神十分重要。首先，科学教育的内容以大学生生活中常见的事实或需要解决的问题为主。大学生学习这些内容，首先需要激活他们的学习兴趣与动机，让其产生参与体验的欲望。只有具备这种心理准备状态，大学生的学习才会以自觉性、主动性为前提，从而产生强烈的兴趣和欲望，并在亲自参与体验的状态中，使科学认识与情感、兴趣、需要等心理因素能够有机地结合起来，成为一种真正有意义、有兴趣的学习。其次，体验学习也是使大学生产生探索、追求及创新心理的源泉。在参与活动过程中，大学生往往会碰到各种新问题，并想搞清楚，探其究竟。这样一来，一个问题解决了，又会出现另一个问题，促使大学生不断探索，从中培养分析问题、解决问题的能力。最后，在科学认知活动中的参与体验可以使大学生学会实际从事研究的能力，包括问题分解、信息收集、资料汇总、分析判断等方法，以及如何处理这中间的人际关系、如何与人共事、怎样与有关方面打交道等，大学生只有在不断实践中亲身经历，才能真正学到这些。

科学教育中坚持参与体验原则，要求大学生必须注意：

第一，确立角色意识和集体观念。学会参与。首先需要大学生在科学认知活动中确立角色意识和集体观念，认识到参与也是一种合作，参与既有个体特定的目的要求，又有集体合作交往、共同完成任务的要求。其次要学会在群体活动中既有角色意识，又能服从合作的需要、集体的需要，具有在不同场合进行角色转换的能力。

第二，参与体验中对品质的培养。参与体验中要树立角色到位、对自己行为负责的观念，包括意志、毅力等品质的培养。科学认识活动从感知开始，在实践中可能碰到各种问题与困难，这就需要坚持角色意识，对自己的行为负责到底。如植物的栽培需要在温室里操作，大学生就要在40℃高温的室内进行长时间的学习；又如饲养小动物、了解动物的生长过程也必须有充分的耐心和忍耐力。尤其是碰到困难时更要注意调节低落、气馁、灰心、任性等负面情绪，通过意志、毅力坚持到底。只有真正做到这一点，科学实践的探索活动才能使学生真正有所收获。

（四）实践性原则

实践性原则要求学生从理论转化为实际，必须亲手操作、亲自实践后获取知识，用科学的办法解决生活中遇到的问题。实践活动是科学教育中不可或缺的环节，实践性原则也是科学教育中提高科学素养最有效的途径。

科学教育是在社会、科技高速发展中，对人的素质要求不断提高的前提下产生的，目的是培养学生具有与现代化社会相适应的科学观念、精神、态度，以及科学探索和解决实际问题的能力。如果科学教育仅局限于传统的教学方式，学生只接触理论知识而不亲身实践，那么就无法准确地掌握所学知识，从而无法解决实际遇到的问题。因此，科学教育必须坚持实践性原则。这不仅有助于大学生掌握知识、培养能力、发展科学价值观，而且有助于他们学以致用，及时将学到的科学技术知识和方法用到实际生活中，进一步巩固深化所学的知识，加深对科学教育价值的认识。

在科学原理的学习过程中，必须坚持理论联系实际、学用结合。如果仅仅满足于只是了解科学原理和概念，就事论事地学习一些具体的实际操作方法，则无助于对科学原理的深刻认识与掌握。只有学用结合，用所学的科学原理去指导科学实践，多做一些与日常生活密切联系的小实验、小创造、小发明，以学促用，又通过"用"来促进"学"，才能有助于真正掌握科学知识，开阔思路，提高解决实际问题的能力。

实践活动是由大量操作组成的。在科学教育的学习中要求学生坚持实践性原则，必须注重大学生各种实际操作能力的提高，包括让学生学习使用各种实验工具，并了解其性能，掌握动手制作的技巧，有一定的工艺水平；会使用计算机、网络查找资料，获取信息等。总之，科学研究中的各种操作技能如何，大学生会使用多少工具，是实践性原则能否成功运用的基础。

实践性原则作为大学生科学学习的原则，不能只局限于自然科学的实验室操作，还应包括更宽泛的内涵。在实验室中可以进行物理、化学、生物等学科知识的实验活动，但现代科技中的许多领域，如环保、能源、生态等需要在现实生活、社会乃至更大的范围内实践。实践性原则除了运用在具体的操作技术外，还运用在认知和心智技能上。具体的实践活动能提供观察、推理的思维过程，所以实践性学习能够提高学生的科学素养。

三、课堂教学是科学素质教育的源泉

（一）精心设计课堂结构，培养科学思维能力

教师传授知识的根据是教材，教材更侧重于知识的理论性和系统性，不一定适合具体的科学实践。所以教师在备课过程中要根据教材，结合实际进行调整，尽可能在教学过程中激发学生的科学思维、培养学生的科学思维能力。

（二）精心启发，培养科学探索能力

科学研究过程其实质就是发现问题、分析问题、解决问题的过程，也就是科学的探索过程。在教学过程中，教师主导作用的一个重要方面就是善于从教材内容和学生心理状态出发，采用各种方式设计富有启发性的问题，创设探索的情境，激发大学生思考和探索的欲望，从而达到使其在获取知识的同时培养其科学探索能力的目的。

（三）高等院校加强素质教育的方法

大学生科学课程是以培养科学素养为宗旨的。科学素养的形成是一个长期的过程，最开始的科学教育对一个人科学素养的形成具有决定性的作用。在对学生的科学教育中，我们应着重注意以下几点：

第一，激发学生科学学习兴趣。学习兴趣是学生科学素养培养的重要内容。兴趣是最好的老师，要以科学兴趣的激发作为切入点，通过科学探究将这种好奇心转化为科学兴趣，使之真正发挥科学学习的原动力。好奇心是人与生俱来的，要懂得呵护学生与生俱来的好奇心与求知欲。

第二，引领学生科学探究过程。在传统教育下，我们的科学教育枯燥乏味，教师教学照本宣科，采取"填鸭式""满堂灌"的教学方法，让学生通过死记硬背蒙混过关。而科学探究过程一般包括几个方面：观察、提出问题、做出假设、制订计划方案、实施计划、分析综合整理、表达交流等。教师可以对学生的探究活动给予适当帮助、适时调控。

在问题情境阶段，教师要为学生创设具体的问题情境，引导学生观察并思考。在学生提出假设和实验方法时，教师要引导学生进行独立思考，把自己的想法记录下来，并将自己的观点在探究中进行交流讨论，探究、验证假设是否正确。在学生探究出现困难和失败时，教师要及时引导和鼓励他们更改假设、重新实验。在发现、概括阶段，教师要鼓励学生在实验完成后根据观察的现象进行解释，并引导学生自己概括出结论。

科学学习要以探究为核心，是当前世界各国都提倡的。科学探究并不是学习的唯一方式，而且对于大多数科学内容，学生不可能去探究，也不可能自主发现地进行建构。但实际上，学生围绕一定情景或问题主动收集资料的过程也是一种探究式学习。因此，各国应该提倡以主动积极的探究方式来间接学习大量知识。

第三，利用现有条件开设课程。科学课程的实施离不开充足的课程资源的支持。要充分利用学校的软件、硬件设施，特别要加强科学专用教室的环境建设，包括实验仪器、学校图书馆、校园网及其他教学设施。通过这些资源，激发学生学习科学的兴趣。此外，教师应积极准备教学素材，如教学材料、实验方案、教学论文等，使之形成资源库，在一定条件下逐步实现资源共享。

此外，要敢于走出课堂，建立校外课程资源，如河流、田地、各种动植物园、社区活动中心、街道等。每所学校都有自己独特的周边环境，因地制宜，开发和利用好校外课程资源，可以增加学生对科学的兴趣，为学生今后进行真正的科学探究奠定基础；也为学生提供了接触社会的机会，提高了大学生的社会交往能力，培养了大学生的社会责任感，推进了大学生科学素养的形成。

第四，提升教师专业素养。学校教师本身的科学素养会直接影响教学质量，影响培养出符合时代需要的人才的进程。目前，科学教师的专业素质不容乐观。首先，是师资紧缺。由于教育界对科学教育的不重视，目前专职科学教师很少，仅占一成左右。其次，科学教师的工作量非常大。

高校科学是一门多学科、多内容的综合性课程。科学教师承担的是综合教学任务，除了必要的教育科学知识，更需要具有广博的物理、化学、生物、天文和地质等科学领域的知识。驾驭这样一门知识领域极其广阔的学科，教师必须通晓科学学科涉及的各个领域的专门知识，并及时了解科技和教育的最新观点、信息和研究成果，不断更新和完善自己的知识结构。

科学教师还要特别了解和掌握科学探究方法，合理运用它。只有教师自身掌握了先进的教育教学理念，具有系统、全面的专业知识结构、高超的教学技能和良好的心理素质，才能适应新课程改革的需要，才能真正实现学生的自主发展。

提高大学生的科学素质是一个长期、复杂的过程。身为教育第一线的工作者要精心呵护大学生在学习过程中表现出来的学习热情和创造能力，唤起大学生的创造欲望；营造浓厚的创新氛围，给大学生充足的时间和空间，逐步提升大学生敢于质疑、思索、探究、创造的科学素养。

第四节　其他方面的人文素质教育

一、哲学教育

马克思主义哲学能为人们认识世界与改造世界提供总体性和一般性的方法论原则。对学生进行马克思主义哲学教育的过程就是锻炼学生思维的过程，这个过程将会用到逻辑分析、理性探讨的手段，进而上升到哲学高度。通过不同哲学思想的碰撞，使学生树立正确的三观。

此外，哲学还具有批判功能，矛盾也是不断运动变化的，所以任何理论都是时代的产物，不可避免地带有时代的局限性。随着经济全球化的不断发展，文化与文化之间的交流碰撞也逐渐加强，人们必须舍弃旧的、不合理的理念。

二、历史教育

意大利学者克罗齐说："历史是生活的教师。"历史对学生的作用主要体现在精神影响和思维能力上。历史是人类不断发展进步的经验史，可以启迪人们借鉴古人的成败得失，帮助学生体会人与自然、人与社会和谐共处的真谛。历史有助于学生养成正确的人生观和价值观。正如德国哲学家亚斯贝尔思所说："教育要培育一代人的精神，必须先使历史进驻个人，使个人从历史中汲取养分。"历史学科的功能和作用在于通过历史知识这个庞大厚重的载体，去认识社会变迁的规律和趋势，有利于学生形成正确的三观。"学史使人明智"，这里的智，既包括对往事的借鉴，也包括推陈出新的创新。任何社会进步和发展都是历史的产物，都是以历史为前提的，它能帮助我们寻找社会发展的规律。

三、文学教育

从屈原的《离骚》到毛泽东的《沁园春·雪》，中文文学以中国文字特有的形象描绘出大自然的绝美风景，又通过对自然的描述揭示人与人之间的情感，以文学展示对人性、人生、人与自然的思考。文学教育会给学生打开一个充满人生百态的新天地，为学生提供一个陶冶情操的完美艺术领域。完整人格的形成离不开文学教育的熏陶和对美的感受。社会越进步，人们对文学情感的需求越强烈。

四、道德教育

我国《公民道德建设实施纲要》提出："努力提高公民道德素质，促进人的全面发展，培养一代又一代有理想、有道德、有文化、有纪律的社会主义公民。"道德和道德教育都是共产主义思想教育的重要内容，它们是共产主义教育的两个层次。

社会主义道德观念和社会主义道德原则是社会主义初级阶段社会关系基本特点的表现。目前，我国实行社会主义道德教育的中心思想就是要求学生树立全心全意为人民服务；正确认识和处理社会主义条件下，人与人、个人与社会之间的关系；正确认识和处理国家、集体和个人三者的利益关系；自觉遵循社会主义民主和法治。在进行社会主义道德教育的同时，必须认真提倡共产主义道德教育。

五、行为规范教育

良好的行为规范有助于学生适应社会发展的需要。我们的社会生活中有许多需要人们去遵守的规则，如果没有明确的行为规范教育，没有外部的行为准则，学生很难形成良好的内在的道德。行为规范教育则能促进学生形成道德良知，让整个行为有法可依，稳定学生的情绪，将外部行为要求转化为内在的道德良知。行为规范教育能帮助学生形成良好的个性和品德，培养学生的独立性和意志力。

六、传统文化教育

中国传统文化是中华民族的瑰宝，是几千年来劳动人民智慧的结晶。从文天祥的"人生自古谁无死，留取丹心照汗青"到顾炎武的"天下兴亡，匹夫有责"，从屈原的"路漫漫其修远兮，吾将上下而求索"到鲁迅的"横眉冷对千夫指，俯首甘为孺子牛"，都展示了中华民族的脊梁，这些人的精神最后都凝聚成了中华民族的文化精华。民族传统文化对培养学生的创新精神、爱国主义、集体主义，以及继承和发扬民族的光荣传统都具有十分重要的意义。

七、敬业与奉献精神教育

敬业，即用一种严肃认真的态度对待自己的工作，认真负责，任劳任怨。敬业和奉献往往是紧密联系在一起的。所谓奉献，就是一心为他人、为社会、为国家做贡献。奉献是在长期贯穿敬业等优良职业道德品质的基础上产生的。雷锋、孔繁森等同志之所以受到人们的尊敬，主要是他们在各自的工作岗位上兢兢业业、无私奉献。奉献可以说是社会主义职业道德的最高标准。一个人如果真正做到了奉献，他就能做到爱岗敬业；一个人如果真正做到了奉献，那么他无论在什么场所，都能够爱国守法、团结友善。奉献是社会主义公民做人的最高境界，如果一个社会主义公民能够无私地奉献，那么他就是值得我们学习的榜样。

第六章　大学生人文素质培养

第一节　大学生人文素质培养的概念

人才素质对于人才竞争至关重要，高等教育除了要培养大学生过硬的专业素质，还要注重培养大学生的人文素质。与学生自我发展息息相关的高等教育离不开人文素质的培养，国家发展高等教育要满足社会对人才综合素质的要求。时代需要大学生在人文素质方面不断提升，日益进步的社会经济需要具备人文素质的综合型人才的到来。人文素质培养要服务于大学生的人生规划和个人综合素质的完善。人文素质培养是高等教育的重要部分，有必要对人文素质培养的内涵、意义加以阐明，为进一步的研究奠定良好的基础。

一、人文素质的内涵

中国在世界上是很早就进入封建制的国家，拥有长达两千多年的封建社会历史，以农业文明为基础的封建文化蕴含着丰厚的人文思想。"人文"一词最早见于《易经》："刚柔交错，天文也；文明以止，人文也。"

随着社会的发展，人文主要包括人类社会的各种文化现象，"人文"这一词汇也专指哲学、文学、历史等方面的学科，在人类文化中属于核心和先进的部分。人文的先进价值观体现在重视和尊重人的想法、关心和爱护人。人文的特点是尊重人权和人的价值，是一种重视人的文化，它体现的不仅是社会思想和社会观念，更是一种制度化和法律化的理念。

"素质"这一词语的定义很多，主要是指事物本来的性质，也指人生理上的原来的特点和完成某种活动所需要的基本条件。在高校教育中，素质主要是指大学生个人的才智和内在涵养及社会实践能力。人的体质、品质和素养都属于素质的范围，素质是人在社会中行为与思想的具体表现。在社会上，素质一般是一个人的文化水平、身体健康程度、思维能力、智商、情商等层次的综合体现。人的素质形成后则会相对稳定，所以，人的素质是内在的、相对稳定的质量水平。

二、人文素质的外在表现

人文素质，广义上讲是指内在精神品格在一个人身上的体现，包含民族精神的体现、爱国主义的体现、价值取向的体现等方面，也包含狭义上人文知识的内化，主要表现在文化素质和精神品质两方面。以人的利益作为根本的现代人文主义强调专注人的生命价值和意义，追求人的精神的价值体现。高尚理想和积极向上的道德情操构成良好的人文素质，表现为敢于追求真理的勇气和塑造健全完美的人格，用求实的态度对待科学的精神，具有优雅的风度气质等。

人类精神文化活动的成果在人文科学范围内转化为基本的知识内容，构成人文知识的主体部分。人文知识包罗万象，文学语言类、历史宗教类、法律道德类等都包含在内。人文知识反映了人对历史、文学艺术、哲学等人文学科的认知，需要经过学习积累而得到。我国古代的人文思想表现在关于人文学科知识的教育和培养上。人文知识在知识类型方面与自然知识之间相互印证补充，作为一种经验性的概括总结出现在人类认识自身和改造社会的过程中。书本、网络、电视等媒体丰富了人文知识的内容，成为人文知识的主要载体，也构成了人全面发展的重要教育资源，学生可以凭借这些资源来获取所需的人文知识。书本上的人文知识可以通过学习来内化为自己的思想，把学习人文知识转变为人文素养，才能体现知识培养精神的真正意义，人文知识的真正价值才得以体现。

个性解放的生活方式表达了人文思想对人的可贵性的理解，向往自由平等，用人性化的生活方式表达对现实生活的追求。同时，人的价值在人受到尊重的过程中得到体现，人的利益被视为人文思想的根本出发点。人文思想支撑着科学家的科研信念，作为内在精神支持着科学理论，并且为科学家在科研中提供灵感。在以人为中心的西方社会，对人的价值的看重集中表现在文艺复兴时期，反对宗教教义，提倡思想解放式的学术探究。在东方，儒学里关于哲学、社会等方面的理论也包含一些人文思想，属于一种人生学说。"我们知识分子出身的文艺工作者，要使自己的作品为群众所欢迎，就得把自己的思想感情来一个变化、来一番改造。"中国现代文学作品也大多以现实为题材，能够反映新时代的社会关系和社会变迁，其中的人文色彩浓厚。这些作品尊重人性、重视传统，体现出人文关怀。

人文方法也可以理解为人文主义方法，简单地说是认识和实践的方法理论在人文思想中的体现，人文方法包含在人文思想之内。人文方法在阐明人文思想的产生过程中，成为人文素质的一个重要方面。精确的科学方法体现了其普遍适用性和准确化特点。这与强调具体体验并且重在定性的人文方法不同，它又同时和特定的文化相联系。人文方法注重的是研究个别案例和个人世界，强调主观性和个别性。人文主义者看重社会中人的主观性方面，人文方法基于个体视角来研究事物，重视人文世界。

在知识、思想、方法、精神"四位一体"的人文素质中，作为核心地位的人文精神表现了人文素质的实质。人文精神紧密联系着人的精神品格及民族精神的发展，涉及整个精神文化层面。人占据主体地位的原则在处理人与外部自然、社会环境的过程中明显突出，这一原则也是人文精神一直以来所强调的。人在创造所需物质的过程中，基于认识和实践的总结，以满足人的需求为目的。在人与物的取舍方面，人文精神更看重精神层面，而物质层面则相对弱化，更看重人的价值方面，物的价值也相对弱化。生命优先就是体现了注重人道主义和人本主义的原则。相互尊重对方的人格尊严是维护人和人之间平等的基石，在人与人相处的关系中，对别人的态度和后天社会环境在很大程度上影响了人文素质的形成。

对于理想人生的多方位发展的追求成为人文精神独特的文化内涵，珍视人的利益，在各类精神文化现象中关切人的发展。理性和关心人的人类智慧被人文精神吸收，对人道价值和真理价值的尊重突出了人的人性和理性。人类文明的重要创造是人文精神中对人的个性发挥的尊重，是一个人类文明中的重要进步尺度。人的精神生命的进步在于人自身文化程度的提升，个性赞美和自我实现是人文精神对人的生命和理想的追求，其中也包含了人对信仰的探索、对尊严的渴望、对生命的尊重。

第二节　大学生人文素质培养的内容和意义

一、当代大学生人文素质培养的主要内容

（一）人文知识方面

人文学科知识是相对于自然科学来说的，人文学科的知识主要包括哲学、艺术、历史、文学等方面。人文学科分化出许多社会学科知识，学习人文学科知识的目的之一是认识人类历史的本身。人文知识反映出各地区文明和文化的多样性和差异性，联系着各族人民的文化交流。人文学科知识适用性广泛，受具体专业的限制，着重于培养长远的眼光和通达的学识。中国古代的教育就能反映出人文学科重视通才的理念。学习人文学科知识的方法之一是阅读人文经典，从人文经典中获取智慧和感悟，更注重智慧的获得而不是单一的知识。自然科学注重知识积累，而人文学科知识更

注重能力的培养，更重视创造性的思维方式和多样的表现形式。人文学科知识表达某种价值观念，从而确立价值导向，人文学科知识不断地探寻人的生存意义，从新的方面展示出人不同于任何其他事物的状态。历史上，人文学科知识的理论或思想都表达了相应的价值观念和理想，各门人文学科知识的研究不断地推动着历史的进步。

（二）文化素质方面

文化的培养内容广泛，其中精彩的培养内容包含民族文化的培养、传统文化的培养、民族精神的教育等方面，促进本民族共同价值观的形成和认同在文化培养中也得以体现。对大学生文化的培养要关注优秀传统文化、民族文化等具有丰富内容的方面，通过文化的培养，使大学生在思想上重视自身整体文化素质的提升。同时，构建大学生精神家园需要重视传统文化在道德观念、人格内涵等方面的积极作用，在传统文化的积极影响下不断提升大学生的人文素养。文化在简单定义上讲，是在长期约定俗成的风土人情和传统习俗的影响下形成的一种社会现象。文化可以理解为物质财富和精神财富的总和，其中精神财富包括道德、风俗、信仰、习惯、思想、艺术、制度等；物质财富主要指人类的物质生产方式和产品，是物质实体的文化事物。从哲学角度讲，文化是哲学思想的表现形式，地域和时代的不同决定了文化风格的不同，哲学思想的变革引起新旧文化的更替，伴随着社会制度的变化。复杂和多样的文化包含了多种生存理论和方式、理念和认识，社会意识活动中的价值观念、思维构成文化的核心。

文化能够协调社会成员的行动，促进社会成员之间的沟通，促使他们共享文化、促成合作。文化可以指导人们的行动，并且提供行动选择的方式；文化是生活经验的积累，是被普遍接受的东西。人类世代文化的传承既形成了特定时期的价值观，也保留了世代流传的正确价值规范，社会秩序在这种传承和保留中被保存下来。随着人类世代的更替，文化也不断丰富和保留。

（三）人类意识方面

意识随人类诞生而产生，是实践的结果，在实践中分为各种形式，并且依附于物质。人类意识的培养包含中华民族价值观和传统道德的培养、人际交往的培养、传统和谐思维的培养等内容。它的主要目的是让每个学生尽可能地吸收为人处世的传统、和谐思想，认同民族价值观并拥有良好的道德修养，把传统道德修养的精髓牢固掌握。通过人类意识的培养可以创造一个和谐的校园求学环境，进而推广到学生毕业后为和谐社会的维护贡献力量。

中华民族的价值观和传统道德在漫长的历史进程中形成，中国的传统价值理念追求和崇尚秉善而行，与人为善是中国传统道德的要求，善的追求是奉献价值的过程。中国传统价值观重视家庭和社会和谐，传统价值观教育贯穿着奉献、友爱、感恩、责任等基本理念，体现出每个中国人将和谐植根于心中。中国是礼仪之邦，传统道德价值观注重人际交往的友好、和平，在价值观的确立上以勤劳、友好为本。传统优良的价值观在培养学生正确树立价值取向上作用突出，因此历来比较受重视。塑造良好的道德人格需要树立明确志向，价值观的培养需要树立志向的动力，道德修养是追求崇高的过程。只有在生活中善于反省和自我总结，才能在树立正确行为规范上提升自我。《礼记》中写道："博学之，审问之，慎思之，明辨之，笃行之。"只有积极学习中华民族正确的价值观，才能在自身道德修养上体现出和谐友善、诚实敬业、爱国奉献等优秀品质。

（四）精神修养方面

精神修养的培养是人内在精神世界的完善，人的内心信仰以及信念可以通过精神修养的培养来树立和巩固。精神修养也可拆分成精神境界和个体修养两部分。精神修养也包括理想人格的追求等。修养一般指的是修身养性、陶冶品行，在马克思主义中指要进行自我的改造和教育，通过个人在社会实践中的努力，提升自我的精神境界。人文素质教育首先要求学生学会做人，做一个有理想、品德高尚的人，高校教育需要重视人文精神。人的情操可以通过培养良好的道德品行来提升，道德行为的实践是检验精神境界的适当标准，实践的过程也是提升精神境界的过程。人在生活中最有意义的事情是精神修养的培养。精神修养的培养是一个长期且复杂的过程，完美的精神世界使人的生活变得更加充实，生命的质量也会因此不断提高。

人们在意识上习惯于尊重具有良好精神修养的人，这是一种无形的鼓舞力量，鼓励人们自觉培养自身的精神修养，约束日常生活中的行为。精神修养的内容随着社会发展变得丰富多彩，一个人只有自觉地遵守道德体系的要求、不断地提升精神境界，才能使个人修养变得高尚。通过自我反省，塑造理想人格，才能使个人的修身养性包含为人处世的智慧。

二、培养当代大学生人文素质的意义

（一）提高当代大学生的综合素质

综合素质体现为人的各种能力的具备状态，文化知识和动手实践能力对于大学生的综合素质来讲缺一不可，且综合素质不局限于这两方面。综合素质是文化、修养、能力的总体体现。大学生的综合素质主要包含健康心理、正确价值观、逻辑思维、知识掌握、开拓创新等方面的素质。将素质教育与高等院校大学生综合素质培养相结合出于社会对人才的需求。可以看出，良好的综合素质对大学生来说是相当重要的。因此，对于大学生来说，只有努力加强自身的综合素质，才能使自己的价值在新时期快速发展的社会中得到体现。

我们建设有中国特色社会主义的各项事业，我们进行的一切工作，既要着眼于人民现实的物质文化生活需要，同时又要着眼于人民素质的提高，也就是要努力促进人的全面发展。强化人文素质有助于综合素质的高度迈向新台阶，对大学生的能力培养也至关重要。人的综合素质中的关于学会做人方面的能力与人文素质培养内容中的关心学生的人生发展方向是紧密联系的，人文素质培养也在这一方面为综合素质的提升起到积极作用。人文素质培养在生活、学习和社会参与等各个方面可以帮助学生获得基本的观察能力、分析能力、解决问题的思考模式和方法，进而提高学生的综合能力。

人文素质培养注重优良思想道德的培养。从事任何社会职业所必备的素质是优良的思想道德，许多用人单位在招聘时把具有责任感和事业心作为招聘的首要条件。用人单位把讲诚信作为判断大学生是否具有优良思想道德素质的标准。人文素质培养教育学生做到自强自律、敢于克服困难。大学生应该培养良好的心理素质，有较强的抗挫折能力，不断完善自己，不能因为一两次失败而气馁。

人文素质培养让学生获得扎实的基础知识。为了适应社会发展的需要，激烈竞争的市场经济对大学生知识结构的要求越来越高，要求大学生具备扎实的基础知识，不但要不断钻研自己的专业知识，而且要对专业知识临近的领域进行深入研究，并把专业知识和人文知识结合起来，坚持理论联系实际。

人文素质培养重视创新精神的培养。如今，经济和科技飞速发展要求人们具备良好的创新精神，敢于打破旧的观念和事物，不断开拓新的领域。一直以来，应试教育的思想束缚着学生，没有重视思维方式的培养，缺乏创新精神，在很大程度上会影响大学生的就业范围。所以，在大学期间，学校应该积极加强大学生的人文素质培养，使其充分发挥主观能动性，利用各种实践活动来培养创新精神，锻炼分析、解决问题的能力，不断提高创新意识。

对优秀人文理念的深刻理解和创造性发挥是社会多数人才取得成功的重要因素。加强人文素质培养是为了更好地推进专业素质教育，使学生向专业能力更深的层次学习、发展，更好地培养学生的综合素质，有利于学生的全面发展和对未来的认识、规划。

（二）帮助当代大学生实现自我

"关于人的科学本质是人在实践上的自我实现的产物。"自我实现是指每个人都具有发挥自己潜力和表现自己才能的欲望，只有当人的各种才能或者潜力充分发挥出来时，人们才会因此而感到最大的满足。对于大学生这个特殊群体而言，在社会中的存在价值会在大学的整个学习阶段得以体现；对家庭、社会责任与贡献方面的人生价值会在大学生毕业以后进入社会得以体现。大学生的人生价值是社会对于个人满足和个人对于社会贡献的统一。"所谓自我实现就是人的创造性本质的自我实现，就是人自身使人身上固有的丰富的创造潜能得以在现实中全面发挥出来，全面地表现和实现自我，表现和实现完善人格。"自我价值是一个人的内在价值，如果某个人具备的能力得到了充分的发挥，所养成的德行能够在社会上产生较好的影响，那么他就实现了外在价值。外在价值实现后就会有一种成就感，有自我需要得到满足的幸福感，此时在心理上的感觉就是自我实现。

人文素质培养中包含的端正态度、调整心态、明确目标是个体自我实现的前提。人发展的根本动力是自我实现，也是人追求的最高目标。明确自己的目标、寻找自己的目标是当代大学生首先应当考虑的。大学生应当以高标准、严要求来规范自己，并制定合理的目标。在实践中，向更好的目标奋斗。学会自我控制和调节是自我实现的前提，在自我实现过程中，必须端正态度，保持积极良好的心态。不仅要以严谨、谦虚、求实的态度对待学业，而且要以正确认识、理性判断、谨慎的方法处理其他具体事情。良好的心态是为实现自我做好充分的准备。

人文素质培养中的勇于创新、敢于挑战的精神是个体自我实现的必要条件。当代大学生应该寻找自我实现的动力、提高自我创新意识、激发内在潜能，敢于挑战、相信自我、克服一切不良因素，最大限度地调动学习、研究的积极性。人文素质培养的与时俱进、灵活把握机遇是个体自我实现的关键。当今社会在快速变化的同时不仅迎来了新的机遇,也给大学生带来了更大的挑战,这就要求大学生必须与时俱进,适应社会发展的潮流。大学生一方面要不断提高自身的综合素质;另一方面必须做好抓住机遇的准备,以应对社会日益激烈的竞争。

成功的关键是细节,人文素质培养中的注重细节是个体自我实现的基本要求。在日常生活中应做到讲原则、重细节、有条理。人文素质培养中的全面发展是个体追求自我实现的最终目标。作为当代大学生,必须树立崇高的理想,努力学好专业知识,自觉培养交际能力,注重自我素质的提高,做一个高素质、高能力的有用人才。

当代大学生要实现自我价值的方法有很多,但总结起来还是必须树立马克思主义的世界观、人生观、价值观,在长期自我完善的过程中,必须有坚忍不拔的毅力,这样才能做到真正地实现人生价值。

(三)培养积极向上的校园文化

学校所具有的特定的精神环境和文化气氛称为校园文化。校园景观、校园建筑设计、绿化、美化等均属于校园文化,学校的校风、学风、传统、人际氛围以及各种规章制度和规范的行为准则也属于校园文化。健康的校园文化可以启迪学生心智、陶冶学生情操,促进学生的全面发展。人文素质培养促进校园文化环境的建设,文化环境对人的发展和学生成长起着熏陶的作用。校园环境对学生教育起着启迪的作用,整洁优美、健康和谐的校园环境,对学生的健康成长和发展产生巨大的影响。校园环境的精心设计可以充分发挥环境育人功能,整个校园要让学生视野所到的地方都带有教育性。美化、净化、绿化的学校环境不仅反映了学校的校风,也反映了师生良好的精神面貌。学校的每一项活动都应渗透着文化气息,有共同的文化追求。人文素质培养促进师生精神文化的营造。健康向上的校园文化氛围的营造无疑会对师生心灵熏陶产生一种积极向上的力量。学校的种种设施和教学资源可以增加学生接触社会和了解自然的机会,让学生畅游知识的海洋。

人文性质的校园文化活动教育作用显著，在法定节日、传统节日、纪念日进行爱国主义教育，弘扬爱国主义精神，可以激发学生的爱国热情。新形势下，结合党的二十大，积极开展学习教育活动，可以促进学生对中国梦的理解。结合学校人文教育的全面推进，举办以"实现中国梦"为主题的班会，可以促进学生对最新形势下党和国家的方针政策的理解。定期举行读书竞赛活动，图书馆丰富的藏书为学生读好书创设了良好的条件。校园文化活动的丰富多彩是校园文化建设的一个重要方面，学生在紧张的学习之余，吸取更多的人文知识精华。通过升旗、入团、文化艺术节、演讲比赛、征文比赛等常规和特色的校园文化活动的开展，寓教于知识和竞赛，锤炼学生品格，陶冶学生情操。组织学生参与社会的各种实践活动，同时组织文学、艺术、科普小组等活动，丰富学生的课余文化生活，可以提高学生的精神境界和文化素质。

将人文关怀融入学校制度，有助于形成良好的校园文化氛围。奋发向上的文化氛围需要确立和建设使学校全体师生共同认同的学校制度，以推动学校改革发展。在组织机构、各项规章制度中融入人文关怀是学校管理的重要手段，它体现了学校的管理思想和管理风格。高校的各项规章制度构成校园文化的保障系统，包括一些学校的传统活动和仪式，都融入校园制度文化，校园文化建设需要用这些方面来维护。制度的制定应该充分体现以人为本的原则，与学校的办学理念相一致，体现教育的本质和规律，保障学校有序、持续地发展。在校园制度建设中，要重视不断提高教师的自身综合素质，加强职业道德教育，使其转变传统观念。充分发挥教师在学校制度文化建设中的主体作用，有利于增加校园文化氛围。

人文精神融入校园精神文化有利于良好校园文化氛围的形成。校园文化的核心内容是校园精神文化，是校园文化追求的最高层次。校园精神文化包括学校的文化观念、价值取向，是学校精神风貌的反映，是学校发展的动力。校风、学风都属于校园精神文化的表现，校园精神的塑造表现为校风建设，校风体现学校教育环境的精神风貌。学风是学生在学习过程中表现的态度和方法，是学生在长期学习过程中形成的文明素养方面的表现。在人文精神融入校风中，可以体现学校的人文环境；人文精神融入学风中，可以使学生奋发向上，全身心地投入学习。人文素质培养影响和谐校园文化建设和教学质量。良好的人文环境对学校发展有巨大促进作用，良好浓厚的校园文化氛围离不开人文素质的培养和发展。

（四）提高高校的整体教学质量

教学质量的提升有助于增强高校软实力，教学质量是高校软实力的集中表现。落实人才培养是高等院校教育质量提升的重大目标。在知识经济社会中，高校承担着为文化、科技创新培养主力军的重任。高校软实力，特别是教学质量决定了高校能否完成培养优秀人才的任务。学校现有的教育资源和办学条件是教学质量提升的外在条件，有效提高学生知识水平和综合创新能力是教学质量提升的内在条件。高校能够吸引学生的主要方面是软实力，而不是硬实力，即硬件方面。高校的教学质量过硬，学生可以学到扎实的实践技能、专业知识，还可以培养自己的创新意识，为未来人生目标的实现奠定基础。高校教学质量的高低决定了对社会的影响能力的强弱，包括对其所在的区域、领域、行业的影响，这种影响力是不可估量的，因此，提升教学质量至关重要。

人文素质培养聚焦更新教育观念、深化创新教育和改革等方面，为学校的教育教学工作提供新思路。应该使受教育者在德育、智育、体育几方面都得到发展，成为有社会主义觉悟的有文化的劳动者。人文素质培养促进新型人才培养方案的实施，以学生需求为导向，优化课程结构，提升创新能力，以人为本，激发其学习主动性。人文思想使教学方法由重结果向重过程转变。由以往教师直接将知识、结论传授给学生，学生进行强化训练转变为教师注重揭示知识的形成过程，让学生在交流和观察分析中自己归纳、得出结论。人文思想指导教师注重对学生学习方法的指导，丰富教学情境，增强学生的学习效果。教师引导学生学会生活、学会做人，培养学生强烈的社会责任感和积极乐观的人生态度。人文素质培养完善教学课程内涵建设、课程教学要素的规范，有利于教学方式、课程内容和考评方式等方面的调整。人文素质培养既可以提高教学名师和优秀青年教师的知识水平，又可以提高教师授课质量和学生学习质量。强化实践环节，注重发掘创新意识，实现创新人才的培养，才能保证教学质量的提高。

第三节　大学生人文素质培养的现状

一、当代大学生人文素质教育欠缺分析

（一）人文课程设置缺乏合理性

人文课程的设置反映该高校人文素质培养的理念，设置人文素质课程应该以培养具备良好人格和技能的人才为目标。因此，要把实现人的和谐全面发展作为设置人文课程的任务。在人文课程内容方面需要增加内容的丰富性，扩大课程范围，并且建立多样化课程机制。将人文精神渗透到专业课程教学中，在课程实施中，突出人的全面发展，以人为本，从学生的兴趣出发，发挥学生的想象力和创造力。但是，我国高校的人文素质培养还处于起步阶段，理工类院校和综合性院校都存在基本人文课程设置缺乏合理性等一系列问题。

首先，多数院校对人文课程的重视不足。在我国构建高校课程体系的过程中，理工类或理工专业比其他的综合院校普遍存在着重专业、轻人文的现象。我国许多高校一般以专业理论课程为主，课程体系根据各专业发展而设置。具体课程设置过

程中教育目标强调要培养综合素质的人才，但是各种实践性和非专业的课程常被忽视，特别是人文类课程。人文课程的作用很难量化，人文知识蕴含的价值总是通过内化的、长期的训练才能得以体现。因此，高校课程体系中人文类课程的地位日渐低下。

其次，人文类课程设置的范围过窄。比如，课程涉及的内容范围狭窄，大多数人文课程只是单一地设立思想教育课。多数高校课程体系中只有百分之十左右是人文类课程，其中，一般的政治理论课成为主要部分，而余下的其他选修课数量很少，占的比例更少。

再次，人文课程在内容上不灵活。多数人文课程重视书本内容而忽视实践，许多高校开设人文课程的内容重复，还出现过时等现象。重复开设课程的情况，只是从理论层面讲述和分析，实用性不强，学生在学习过程中就自然缺乏兴趣，这些对提升学生人文素质是不利的。教学改革中改变教学的方式与方法无法替代教学内容和课程体系的改革，为此，在实施人文素质培养的过程中应该充分认识人文课程建设的重要意义，提高人文课程的实效性。

最后，在应试性和实用性的导向下，学生的人文精神和人文理想追求呈现弱化状态。在师生观念中通常把人文素质培养作为教学活动的附加部分，归纳到课程体系之外，增加了学生负担和教学成本，使人文素质培养工作很难有效地持续展开。多数院校忽视了人文精神的培养，而人文精神培养是人文素质培养的本质。虽然人文素质培养作为改革教育内容的一个切入点，但人文素质课程没有被置于高校整体课程体系的重要地位上，并且在具体实施过程中作为补充性课程来选择。目前，人文素质课程在总体设置上缺乏严谨性，教学计划中的课程联系缺乏论证，有明显的随意性。因此，淡化学科界限、加强专业教育中人文精神的渗透、加大人文素质课程在课程体系中的比重成为高校教学改革的任务。这样才能使高校课程体系综合化，向着均衡性的方向转变，这也符合素质教育的思想和目的。丰富的人文课程是提升人文精神的重要思想资源，提高人文课程质量对提高高校教学质量有着重要的现实性意义。

（二）人文素质培养的内容不切实际

高校人文素质培养工作逐步实施后，获得的效果并不理想，原因是多方面的，其中的一个重要因素是人文素质培养内容不切实际。首先，没有把许多思想性的人文素质内容和实际结合起来，学生难以把握。其次，在文化传承方面，中国传统文化类的课程少而且内容较为空洞，传统文化中的词、曲、赋、民族音乐、书法、对联、民间习俗等内容和学生日常课程联系较少，人文类课程中也很少涉及这些内容，学生接触这方面的内容自然就少了很多。再次，在文学、历史方面的课程局限，使许多理工类的学生难以理解，在理论上的了解也很少。历史方面大多数是在特定考试当中才有学生去学习和理解，加上人文素质培养较为单一的课程设置，历史方面的知识无用武之地，更不用说它对学生的实效性了。最后，在哲学、艺术方面，大多数院校在人文素质培养内容中没有留给学生对于哲学和艺术比较深刻的思考。由于哲学、艺术方面的知识都是比较深奥的，许多传授过程也都仅仅停留在书本理论上。因为具体开课的人数有限，所以除哲学和艺术专业的学生以外，很少有其他专业的人来了解，这种情况对于扩大人文素质培养的范围、增加学生的知识面、提升人文素质培养的实效性来说都是不利的。

（三）专业教育对人文素养的教育不足

许多高校教师在长期教学中偏重于教授纯科学知识，忽视了人文知识，没有将二者有效地结合起来，造成了学生人文素质的缺乏和学校人文氛围的淡化。许多大学生拥有扎实的专业知识，但知识结构比较单一，人文知识相对弱化，这正是由于他们在接受专业教育时，缺乏对人文知识的学习。专业课程的内容较多且复杂，学校在教授时很少顾及相关人文知识的渗透，学生应有的人文素质严重不足。在具体学科分割的过程中，出现了分化过于狭窄的现象，部分专业知识会出现琐碎的状况。为了适应社会需要，专业教育大多只注重学生就业需求，缺少对知识完整性的追求，实用化思想占据第一位，人文科学方面涉及甚少。片面追求专业教育使学生的知识面变得技术化、单一化，学生的感悟能力变得越来越弱。

多数高校在教学管理中偏重专业技术教育，忽视人文素质。科学技术创造物质文明，但在新阶段，社会的深层价值体系需要不断加强，科技理性需要为人的全面发展而服务。科学教育过程中很少培养学生的人文素质，单纯的专业知识授课现象令人担忧。在传统文化被削弱的当前社会，人文精神应当被重新加强，重视培养专业人才的人文素质，大学生才能更好地适应当今时代的发展趋势。

（四）尚未建立和完善人文素质评估机制

当前，高等院校内部教学评估机制存在一些问题，缺乏完善的人文素质评估机制。其中突出的问题如制度设计不科学、不适当的价值取向、单一的评估主体、缺乏有效的保障设施，等等。在多年单一评估模式和传统督导评估理念的影响下，评估的功能范围被缩小为简单的判断和鉴别功能。在新形势下，高校应当明确办学目标和使命，积极借鉴经验，深化教学改革，提高教学质量，从评估的规划、执行、控制和反馈等角度构建完善的教学评估机制，促进学校人文素质教学保障体系的建设。

在人文素质内部教学评估机制方面，很多高校没有以自身为主导的评估机构，仅仅依靠教务部门开展评估活动，相关人员的参与较少。在设计评估制度方面，评估形式单一、渠道狭窄，尚未采用新的理念、手段。多数高校在评估制度实施方面没有建立相应的约束机制，无法有效落实一些好的制度，评估活动变成形式上的工作，没有实效性。内部质量保障体系缺乏监督与回访机制，现行的评估机制缺乏自觉强化自身质量的主体意识。

在人文素质评估机制的形式和角度方面，很多院校的行政化色彩明显，目标错位，评估指标单一。评估从一开始就有浓重的行政色彩，由某些行政机构领导实施。许多民间机构的评估一般不被重视，尽管我国鼓励社会中介组织、教育考试机构、社会团体参加教育评估，但是受到的制约因素较多，取得的成果较小。人文教育评估在测量的基础上设定标准和目标，经过一段时间评估工作的测量，判断预期标准和目标是否达到，从而做出教育工作的价值判断，也为继续改进教育管理做出参考依据。评估的目的是不断地提高教育质量和办学水平，通过评估也能指出不足，为今后打下良好的基础。在目前的人文素质评估机制中，主要是以鉴定性的评估为主，奖励惩罚性明显，被评估的院校得不到充分和适度的反映。许多院校在评估中忽视提高教育质量这一重点工作，却把片面地追求评估结果放在了参与评估的第一位，忽视了如何达到培养目标和国家规定的标准，却只重视评估的排名次序。这样一来，评估机制起不到应有的作用，教育评估的真正目的被忽略，产生了一定的负面影响。在评估指标方面较为单一，缺乏层次，只是单一的本科院校评估，对于不同层次和类别的院校不具有公平性。在评估中过于强调评估标准的统一性，很难做到具体对待千差万别的院校，为评估带来过强的共性制约，扼杀了高等院校的办学特色，不少高等院校为达到评估体系的标准而放弃了自身的特色。评估指标体系忽略了许多不可计量的因素，只是在一些硬性指标上有所规定。

在评估过程和评估功能方面，评估过程不够规范，合理规范的质量标准不够完善，缺少现代技术手段的科学程序和方法的支持，未充分发挥高等教育评估功能，如导向、鉴定和改进功能。在发挥这些功能时，存在一些缺陷：导向功能在引导高校贯彻国家教育方针方面较弱，如在统一性很强的评估标准下，使多数高校办学趋同化，导致教育方针中要求培养不同类型的人才较难实现；鉴定功能中较难通过评估为高校做出客观的判断，如高校被动地接受评估，提供的信息有所失真，导致鉴定结论的失真；改进功能中通过评估发现问题并改进，以便高校改进工作，提高办学质量。但是由于评估标准针对性不强，评估功能弱化，对于评估后改进方面没有引起普遍的重视，很难准确地做出判断，因此改进功能会有所折扣。

高校是教学工作的前沿阵地，完善的教学评估机制对于人文素质水平的提高作用很大，科学制定的多样标准和多种形式的教学评估制度十分重要，这也是高校促进自身发展和加强内涵建设的必然选择。

（五）家庭和社会的不良影响

社会外部环境包含范围很广，如各种社会风气、家庭条件、社会文化实施等。社会外部环境灵活多变，随着社会的发展，其对大学生的影响越来越复杂，学生的价值倾向往往受到所处生活环境状态的重要影响。社会外部环境影响是很重要的因素，在学生受教育过程中占据重要的地位。

社会外部环境是影响大学生发展的重要因素。大学生的思想健康素质是社会外部环境在大学生身上的反映，大学生思想与社会环境因素的变化同步。同时，家庭环境也影响着大学生思想观念的基本定型、心理上的基本成熟及步入社会工作所需要的工作能力。当代大学生是思想较敏锐的群体，是祖国的希望，社会外部环境对大学生思想的影响无时不在。面对这一复杂的问题，要从社会各个方面做起，切实提高大学生的综合能力。

（六）应试教育的片面指向影响

为应付升学考试的教育理念和教育方式称为应试教育，应试教育脱离社会发展的需要，违背了素质教育理念，采用机械化教育方式培养学生。在应试教育中，升学率是检验学校教育质量和水平的唯一标准。能升学和考试分数成为应试教育判断学生或者学校以及教师的唯一标准，无形中划分了成功者和失败者的界限。应试教育以考试为目的，考试的方法和教育模式都限制了学生能力的充分发挥，长期下去，学生难以适应社会发展和工作要求。应试教育对学校、教师、学生乃至整个教育事业都产生了某些影响，虽然它为教育事业做出过一定的贡献，但是其弊端及对学生人文素质培养的片面影响仍然不可忽视。

应试教育与现实生活脱节，工作和生活中的知识往往需要重新学习。人文素质培养帮助学生养成良好品德，但是应试教育偏偏经常忽视这一点。应试教育围绕着考试，不问生活，学生在学习过程中容易丧失社会关键能力培养的机会，成为只会背书本、会考试、在其他能力方面都较弱的人。在应试教育的模式下学生负担变得越来越重，学校和教师容易忽视提升学生学以致用的能力。

教学体系在应试教育模式下受到限制，应试教育模式下学生很少参加一些社会活动，学生的思维和想象空间受到限制，阻碍了学生创新能力的发展。学校、教师、家长和学生都习惯于传统应试教育，教育改革变得困难，教学体系发展变得缓慢。由于成绩和升学的作用，教学过程中强化训练、过度学习造成学生休息时间和体育锻炼时间缺乏保障，正常的节假日也被挤占，学生心理长期被压抑，影响学生身心的健康发展。部分院校急功近利，给教师和学生施压，用学生分数判断教师的教学水平，并与工资、升职挂钩。在应试教育中取得成绩的教师，以牺牲学生的休息时间为代价，使其成为应试能手，对学生的综合素质和全面发展并没有太多帮助。

在社会发展过程中，应试教育的弊端日渐凸显，只有改变应试教育模式，转向素质教育，加强人文素质教育和综合能力的培养，才能使学生达到个人的全面发展，教育事业才能进步。

（七）功利性过重，使人文追求被淡化

由于就业压力逐年加大，部分大学生学习的功利倾向表现得越来越明显，实用性强的学科受到欢迎，人文修养类的学科受到冷落。大学生在价值观的选择上过于重视自我，在社会环境不断变化的情况下，追求高端职业变成其学习的主要动机。

实用性学科能够引起学生的学习兴趣，学生热衷于各种资格考试的备考，而人文素质方面的学科却很少有人问津。人际的功利色彩使一些大学生过于注重实际利益，职业选择的功利化成为大学生就业的主导思想。高等院校是探求人文精神的重要殿堂，是发现人文关怀和追求真理的地方，从这一点来讲，高等院校应在保持自身的独立性，同时去适应社会的发展，减少功利价值观对大学生的影响，加强培养大学生的人文精神。

在人文素质培养过程中，大学生也存在许多自身的原因，导致人文素质在总体上较弱。

首先，部分大学生学习目标不明确。学习目标的缺失是大学生的一个普遍现象，大学之前学生基本上按照学校和教师的规划去学习，各种课程知识都是已经安排好的，而进入大学之后，自主学习的机会变多，没有了教师的指导，许多人就失去了明确的学习目标。部分大学生无法管理自己的空暇时间，精神迷茫，缺乏独立的思考和判断能力；学习相当被动，没有明确学习任务的时候就无所事事，沉迷于网络；脱离了自身实际，盲目幻想，树立了大而空洞的目标。

其次，部分大学生学习态度不端正。在当代大学生中，部分人对学习目的缺乏正确的认识，缺乏积极的学习心态，对平时学习的内容不主动理解消化，把希望寄托在考前突击上。同时，很多大学生不重视实践课程，不注重自己能力的发展，思维比较僵化，过于注重考试的分数和结果。很多大学生学习方法不当，普遍的现象就是考前死记硬背，这样对知识的积累、专业技能的培养没有帮助。有些大学生还缺乏质疑精神，对所学内容提出疑问的现象很少，不利于求真意识的形成。

最后，当今某些大学生更加关注个人得失，而集体意识却趋于淡薄，忽视对集体活动的认识和注重体现自我价值。某些大学生强调以自我为核心，重视个人利益，忽视集体和他人的利益，出现集体观念松懈和奉献意识减弱的现象。实用主义影响了大学生的道德价值判断,大学生对事物和人的行为在道德层面上的判断受到影响,价值定向和价值追求趋向于功利化。大学生从自身方面提升人文素质对于高校人文素质培养工作有重要作用,人文素质培养工作的目的主要也是提高大学生的总体素质和综合能力。

二、大学生人文素质缺失的不良后果

(一)影响大学生整体素质的提高

人才整体素质包括人才的思想、知识、能力、身体、心理等素质,其中思想素质需要培养明确的道德政治立场和信仰,知识素质需要培养全面的知识体系,能力素质需要培养技术、决策、协调等能力,心理素质需要培养良好的道德品质和修养。由此可见,人文素质占人才整体素质的比例很高,对于人才整体素质的提高十分重要。随着社会的发展,高校的功能不断丰富完善,培养优秀人才既是首要的功能,也是核心价值,培养高素质人才要不断用先进的理念拓展自身。大学生人文素质的缺失反映出高校在培养人才整体素质方面的问题,缺乏人文素质导致大学生在德育、智育、体育、美育等方面达不到要求,这样一来,就会影响德智体美全面发展。大学生的学习不仅要获取知识,还要获得实践能力,树立正确的价值观,人文素质培养在这几个方面都起着推动作用。离开人文素质培养,现代人才的整体素质就难以得到提高。

人才队伍的整体素质培养建设在国际间竞争激烈,人才整体素质的提高是一个长期的过程。人文素质培养以人为本的理念有利于创造各类人才展示才华的平台,有利于发掘新型人才,人文素质培养的道德价值观念有利于帮助各类人才树立正确的人生信念、爱岗敬业;人文素质的缺失将会导致人才的潜力和特长难以发挥,也会缺失会导致人才的人生目标不明确、人生态度消极。人文素质培养是人才队伍建设整体规划里的重要步骤,只有加强人文素质培养,才能造就高水平的人才团队,人文素质一旦缺失，人才队伍建设的规划将很难进行。人才整体素质的提高离不开人文素质的培养，人才资源的挖掘也离不开人文素质培养。人文素质培养是衡量人才质量的评估标准之一，做好人文素质培养工作才能使人才在社会上发挥更大的效能。

（二）容易在时代发展的过程中过于悲观，以偏概全

世界的科技革命使各学科综合化程度加强，很多具体问题需要综合知识和多种技能来解决，当代大学生需要提升自我的综合素质来适应这一趋势，不能将目光只停留在专业知识的狭窄面上，而是要将人文素质培养和专业素质学习结合起来，这样才能胜任未来社会的工作。时代发展潮流使人们的生活学习方式和思维发生变革，不同领域的知识融合产生新的科学思想理论，如果不加强人文素质培养，将无法满足未来社会知识融合的要求。科技创新和文化多元化在世界各地发生，科技储备、人才储备成为提升综合国力的必备手段，大学生人文素质一旦缺失，将无法适应社会科技的进步和文化的发展。

随着世界科学发展的新趋势，各国都推出不同的人才计划，积极参与到人才培养的竞争当中。因此，我国要加强人才在国际上的竞争力，就要树立新的教育理念，加强人文素质培养，否则将难以在国际人才竞争中取得优势。人文素质培养为全面的人才计划做了有力支撑，信息化时代推动着社会的巨大变革，人文素质成为知识多样化的基础之一，全球范围内的科技发展潮流要求我们重视人文素质的培养和人的全面发展。

（三）人生追求容易变得狭隘

人生追求的标准不仅是物质，同时具备社会理性。理性使人追求更高层面的精神生活。大学生如果缺乏人文素质，只专心于谋生技能，人生的追求标准也会随之下降，人生观是对人生目的及意义的根本看法，它决定着人生道路的方向和价值取向。大学期间是人生观形成的关键时期，需要不断地学习知识来加强思维能力，逐

步形成稳定的人生追求标准。人生道路的选择需要通过理性判断来找到答案，大学生要勤于做一些哲学思考、多积累一些优良品德。人文科学的学习不仅是获得知识，更重要的是学会思考自己的人生标准。离开了人文科学的学习，很难做到对人生追求标准的全面思考。在社会实践过程中，高尚的人生追求对人产生积极的导向作用；相反，低俗的人生追求则产生消极的误导作用，学习人文社科知识，正确理解其中的人生观、价值观和世界观，才能给人生道路做出正确的判断。缺乏人文素质，把错误的人生目标理解为有意义的人生，这对大学生自身和社会发展都是不利的。人文科学中包含的积极人生态度引导大学生解决生活中的困惑，帮助大学生明确自身的责任。人文素质的缺乏将会使大学生在生活中感到迷茫，不明白自身的责任所在，对于人生真正价值的理解也就变得模糊了。

第四节　大学生人文素质培养的重要作用

一、对大学生人文素质的培养有助于自然学科和人文学科的互补

人和自然的关系问题由自然科学来解决，人和社会以及人和人之间的关系问题由人文社会科学来解决。因此，大学生必须在学习自然科学的基础上同时具备人文素质，才能获得全面的知识体系。站在人文的角度去观察科学技术，使科学技术的人文效应全面显现，理性地分析人在科学技术发展中的作用。人文社会科学和自然科学都是对事物本质规律的揭示，二者内在相关、相互渗透。人文社会科学的研究中主观和复杂性较大，体现了社会的关系和人类精神，而自然科学的研究都比较客观，因此人文社会学科在这一点上是与自然科学相互补充的。人文社会科学与时代发展相关，在时代背景中揭示研究事物的本质，这和自然科学研究的确定性相比是不同的，

形成了人文社科的丰富多彩并非在研究方法上，相对于自然科学的理性方法，人文社会科学多用感悟和理解等非理性方法。人文社会科学和自然科学的互补是由于它们在解释和探究方式上的区别，二者的思维方式不同。人文社会科学要求学生具备主观感悟能力，人文实践活动带有个体和差异性，人文社会科学要求学生认识事物突出独特性和创造性，自然科学要求学生认识事物从多样化走向统一。人文和科学是文明必不可少的部分，二者是一个整体，因此要坚持二者的统一。

人文社会科学的实验方法是随着地点和时间及研究对象和环境而变化的，这与自然科学的研究方法完全不同，这也体现了人文社会科学研究的复杂性。这种复杂性使学生在学习过程中随着研究的不断深入而逐步深化理解。人文社会科学通过对社会本质规律和人类文化的研究，人类的精神世界得到丰富，有助于营造时代发展的和谐环境。人文社会科学的真理、艺术、价值都具有民族特色，人文社会科学能够反映出不同的民族文化传统和价值观。学习人文科学才能更深刻地理解民族传统文化，追求崇高的价值理想。以人的全面发展和自由为核心，人文社会科学与自然科学共同构成庞大的科学知识体系。

二、对大学生人文素质的培养有助于对传统教育的继承

中国古代传统教育以人为本，通常在伦理、文学、哲学等教育中都包含大量关于人的品行塑造的理论。由此可知，中国古代就十分看重对受教育者人文素质的培养。中国古代传统教育就重视教诲、培育英才，其是人类文化传播的重要手段。奴隶社会在西周时是鼎盛时期，学校组织较为完善，当时的教育就是以人为核心，将天地万物融为一体，将人伦精神、道德情操的培养放在首位。中国古代人文教育是生产、生活经验传递的必要手段，也影响着当时人们的思想品德，目的是把学习者培养成思想境界较高、为社会服务的人才。春秋时期，孔子的教学理念偏向因材施教，启发学生自觉去思考和行动。在《述而》里头，孔子真正的学问精神是讲"仁"，

他的根基则在于"道"。所谓"志于道,据于德"。道、德、仁、艺共四个层次,道是原则,德是道的实际体现,仁是最主要的德,艺(礼乐)是仁的具体体现形式。目标在道,根据在德,依靠在仁,而游憩于六艺中。古代教育有研究和实践相结合的一面,并且强调培养人的德行。由此可见,中国古代传统教育中关于人文教育的启迪值得借鉴。

中国古代传统教育在价值观和思想方面的理论成为传统教育的精华,不仅为国家培养栋梁,而且在社会上树立良好的道德风尚。传统教育强调培养人的道德意识,在道德方面做到教育人自觉遵守道德规范,其中关于人的做人境界强调自我完善。随着时代的发展,中国古代传统教育中的人文思想也逐渐被保留了下来,许多教育理念不仅能体现出民族特色,在现代的人文素质培养中也能发挥它的积极作用。

三、对大学生人文素质的培养是世界发展趋势的需要

在现代社会创造物质财富的同时,产生了社会的文化、环境等危机,世界先进的教育普遍提倡人文素质培养,这样才能使人类的后代正确对待各种知识,共同构建美好的人类社会。世界高等教育的形势是向多元化迈进,各国的高等教育也在不断地改进,要建立适应世界发展的人才结构,让学生学习全面、综合的课程。

高等教育改革需要面向世界,许多国家都在探索改革实践,各国的高等教育竞争十分激烈,各国学术人员之间的交流也在不断地加强。先进教育理念和高品质大学数量逐渐成为决定一个国家在世界上影响力的关键要素之一。迅速多变的国际环境对各国高校提出新的要求,不但要培养学生具备劳动技能,而且要培养学生具备新的思想、品行、知识体系。大学生的人文素质培养成为推动各国高等教育改革和发展的巨大动力,为各国迎接综合国力竞争的挑战奠定了基础。

四、对大学生人文素质的培养是国家发展的需要

"一个国家、一个民族，如果没有优秀的人文文化，不打自垮。"人才是一种战略资源，是综合国力的人才战略的本质。人才战略的核心是发掘人才、培养专业人才、吸引特殊人才。"我们要最大限度地发挥教育效能，培养各方面的人才，为各方面建设服务。"人才战略着重研究人才对推动企业的可持续发展，是对未来长远发展的思考。我国的发展坚持"以人为本"，走人才强国之路。中国要把人才作为推进事业发展实施的动力，努力培养高素质劳动者、专门人才和一大批科技尖端的创新人才，建设素质较高的人才队伍，开创人才辈出的新局面。大力发展教育事业是中国人才强国战略的首要任务。社会应该"使自己的成员能够全面发挥他们的才能"。现代化建设中，需要各方面的人才，中国现代化建设急需的高层次人才需要拥有较高的人文素质。

人文素质培养作为人才强国战略包括两层含义：一是人文素质培养全面提高人才的基本素质，着眼于加大人才资源的开发力度，将人口大国转变为人才强国；二是通过人文素质培养，提高对人才的吸引力和凝聚力，做到广纳人才，增强国家的综合国力。开展人文素质培养，坚持人才发展战略，加强人力资源能力建设，优化和调整人才结构，抓紧做好培养各方面人才的工作。

人文素质培养有利于人才价值的充分实现，是人才作用得以发挥的过程，也是战略必须关注的环节。素质教育的一项基本内容——人文素质培养，能够培养学生对民族、社会、人生的理性认识，丰富学生的精神世界，培育民族精神，增强精神力量。人文素质培养有助于民族凝聚力和向心力的增强，对于提高人才思想道德素质起到积极作用。人文素质培养将以传授知识为主改为以培养能力为主，着力培养学生的创造性思维能力。高等院校在人文素质培养上，注意培养学生的诚信、树立正确的价值观和人文素质培养，对于构建良好道德风尚、增强社会责任感、维护社

会公德、构建和谐人际关系等方面都至关重要。人文素质培养在我国综合国力的增强中必将起到积极作用。当代大学生，除了掌握一技之长，还需要有自强不息的人文精神、博大的胸怀和高尚的人格。良好的人文素质是现代教育的基本要求，现代教育观要求全面发展学生的各项素质。人才不仅要掌握和创造先进科学技术知识，还应该继承中华民族优秀文化和精神财富。因此，必须加强人文素质培养。

五、对大学生人文素质培养是国家改革的需要

在新的形势下，教育工作的主要任务是加快教育的改革和发展，培养大批人才，进一步提高劳动者素质，建立适应社会改革需要的教育体制，更好地为我国现代化建设服务。政治、经济、科技和高校教育自身规律等因素包含的价值理念渗透进了高等教育的改革和发展。我国教育的进一步发展和改革需要积累之前教育工作取得的成就和经验来作为基础。

同时，我国教育在改革开放和现代化建设过程中的适应能力有待进一步提高，在总体上还比较落后。教育方面的投入不足反映了教育的重要地位在实践工作中没有完全落实。在与实际结合方面，教育思想、内容和方法都需要再完善，同时也需要进一步加强和改进学校思想教育工作。日益深化的政治、经济、科技体制改革运行机制需要和教育体制逐步适应。高等教育过去偏重需要、忽视质量的提高不对，但如果今后只顾可能、忽视创造条件增加数量也不对。随着改革的深化和经济的发展，对教育工作中存在的这些问题，必须认真加以解决。

面对日新月异的时代变化，我国教育事业需要切实的保障措施来提升教育水平，并且开拓教育事业的新格局。为了实现高等学校培养的人才适应科技、经济和社会发展的需求，应采取深化教育改革、坚持协调发展、提高教育质量的发展战略。不仅要有较大发展的教育规模，还要在一个新的水平上提高教育质量和办学效益。

提高人文素质、多出人才是教育改革和发展的根本目的。人文素质培养有助于

培养德、智、体、美、劳全面发展的优秀学生和高层次人才。在人文素质培养中，学校思想和品德教育的根本任务是用马列主义、毛泽东思想、邓小平理论、"三个代表"重要思想、科学发展观和习近平新时代中国特色社会主义理论教育学生，坚定正确的政治方向，培养有理想、有道德、有文化、有纪律的社会主义新人。大学生人文素质培养的新成果和新经验是在实践中不断积累的，在教育改革深化的背景下，把人文素质培养的实践工作水平提升到一个新高度。

人文素质培养要加强对广大学生的基本路线教育、社会主义思想教育、爱国主义教育、集体主义教育和国情教育，运用马克思主义的立场、观点、方法引导学生认识现实问题，走认识与实践相结合的成才道路。促进学生树立为人民服务的人生观和科学的世界观，增强学生辨别和抵制腐朽思想的能力，坚定中国特色社会主义信念。人文素质培养重视对学生的中国优秀文化传统教育，重视和加强德育队伍的建设，促进学生的全面成长。人文素质培养有助于学校形成健康、生动的校园文化以及为学生树立良好的学风、校风，使其成为我国教育改革发展的重要推动力，学校则成为新时期建设我国精神文明的重要阵地。

第五节　大学生人文素质培养的方法

一、具体学科知识的培养

在我国，人文有着悠久的历史，重视人的精神境界的提升，以具体学科知识进行教育成为培育人才的重要手段。德行、言语、政事、文学四科是孔子在春秋时代末期划分的教育科目，并且开设了书、数、射、御、礼、乐等课程。《礼记·经解》中提到："其为人也，温柔敦厚，《诗教》也；疏通知远，《书》教也；广博易良，《乐》教也；洁静精微，《易》教也；恭俭庄敬，《礼》教也；属辞比事，《春秋》教也。"

通过研读六经，既可以达到获取知识的目的，又可以通过获取知识来鞭策人的品行。古人对于教育有明确的观点，看重对于学生逻辑思维和文史知识的培养。

《礼记》中汲"格物致知，诚意正心，修身齐家治国平天下"强调了学生自身的修养。如果要成为贤人或者圣人，就要注重把握具体的学科知识。学生通过读书求学汲取知识，提升自我思想境界，成为一名境界高远的人。古人把读书和做人联系起来，用人格的高低来检验读书的好坏。这也体现了人文知识与人文素质的关系：用人文知识的积累来培养人文素质；将人文知识真正融入人的生活与行为，提升人文素质水平。

青年最主要的任务是学习。高校的细胞组织是学科。高校在学科中展开各种功能活动，人才的培养离不开学科，科学研究也离不开学科，有了学科才能更好地为社会服务。当前人们经常用"文、史、哲"来指称人文学科的主干部分，艺术也可以加入其中。目前许多其他学科的母体是人文学科，人文学科尤其是社会科学诸学科的母体，因为社会科学诸学科大多是近代以来从人文学科中分化而来的。人文学科根基深厚，是一种历史的纵深，不仅在深入认识现代和未来社会中起着不可或缺的作用，而且有利于认识人类历史的本身。学习人文学科不太受具体专业的限制，适用广泛，注重的是培养通才。人文学科的眼界比较广阔，使各个专业的人才都有广博的知识面，帮助提高除了专业知识以外的艺术、道德、文学等方面的鉴别力。了解经典和亲近大师是学习人文学科的主要方法。人文学科宽广的空间和多样的表现形式有利于发展个人的独创性。时代发展要求加强学习人文学科知识，可持续发展呼唤具有人文学科知识的高素质人才。我国高等教育改革需要加强学习人文学科知识，不仅有助于更新和转变教育观念与教育思想，还有助于不断深化和推动教学改革。大学生的全面发展需要加强学习人文学科知识，使德、智、体、美、劳全面发展的要求从更综合和更深的角度体现出来，是新形势下党的教育方针全面贯彻的重要举措。通过加强学习具体学科知识，改善校园文化氛围，各种社会实践活动的开展，使得学生在学习和实践中参与社会服务工作，从而提高了自身的行为修养。

二、先进文化理念在人文思想层面的渗透

人们对事情的主、客观认识形成的正确的系统化集合体成为理念。也就是说人们进行的各种活动是根据生活形成的理念。人们对事物进行计划、决策、实践、总结等活动是科学理念体系，从而不断丰富和提高生活、生产实践水平。客观性、逻辑性、深刻性、概括性是理念具备的特点，做正确的事情需要形成正确和清晰的理念，以提高生活水平和生产质量。

同一文化环境中的人们在长期生活中，对社会、人类自身、自然形成的比较一致的、基本的信念和观点成为文化理念。它一方面是理论化和符号化的活动方式，另一方面是人与人合作活动方式可以运作的基础。文化系统的核心要素是文化理念。

人文知识中包含人文思想，相比于科学思想，人文思想具有很强的意识形态特征、鲜明的个性色彩和很强的民族色彩。人文思想的核心是基本的文化理念。"任何人的职责、使命、任务就是全面地发展自己的一切能力，其中也包括思维的能力。"人文思想尊重每个人的思想，让思想多元化，以人为本。人文包含了人文科学和人文景观，指人类社会的各种文化现象，人文思想强调以人为主体，关心人的利益、尊重人的价值的思想观念。人文思想和人文制度紧密关联，前者的实现可以演变成为后者，后者的理论基础又是前者。人道主义提倡关怀人、尊重人。人道主义"以人为中心"的世界观是起源于欧洲文艺复兴时期的一种思想体系。

先进文化理念在强调人的可贵性上渗透进了人文思想，倡导人们用追求现实生活的态度去理解人的可贵，个性解放和人人平等都是先进文化和人文思想紧密联系的纽带。

三、从认识和实践的角度掌握人文方法

人文方法重视人文世界的种种特殊性，忽略了科学规律的高度抽象与概括，是其最大的特点。人文方法是使用个体视角研究的一种方法，人文世界的多样性、差异性、丰富性通过人文方法展示并且说明问题的个性化理解。在社会活动中，要从认识和实践的角度掌握人文方法。首先，人的实践活动是受意识支配的，实践的本质特性决定它不能离开认识的指导。其次，认识活动须遵循其特有的活动方式和发展规律，其成果具有相对独立性，认识一经形成，便能反作用于实践。最后，在许多方面表现了认识对实践的指导作用：认识指导主体把握主体和客体相互作用的规律性，指导主体按照客观规律改造世界；认识可以使主体在实践活动之前对实践活动做出预测和规划，确定符合客观实际的方案、目标、步骤和措施；认识指导主体选择实现目的的最佳行为方式，将局部经验上升为理论；主体实现对自身的认识，自觉调整自己的活动，以适应改造客体的需要。

实践是认识的基础，人类在实践中剖析、改造客体。践是认识的源泉和动力，认识是实践的指导和动力。在实践中获得的新认识可以指导新的实践，而新的实践又可以产生新的认识，二者形成了一个不断循环的辩证关系。在认识与实践的交替作用下，社会逐步从低往高地发展。

四、重视人文精神在培养中的核心地位

人文精神作为人文思想和人文方法的核心，是人产生世界观、价值观的基础，人文思想和方法最重要的表现方面即是人文精神。人类文化或文明的真谛是人文精神，民族精神以及时代精神成为人文精神的具体表现方面。高校教育在当今时代下需要突出人文精神，高校教育改革要强化人文精神建设来顺应时代发展。

一种普遍的人类自我关怀形成人文精神，表现为维护、追求和关切人的尊严、

价值、命运，而人文精神的知识教育体系的集中表现是人文学科，它关注的是人类精神和价值的表现。可以这么理解，人类的独特精神文化使人成为自然界中的佼佼者，人文是人类智慧与精神的载体，作为一种独特的精神现象，其在人类的世代繁衍传承中一直占据着优先的地位，是人类有史以来不可分割的有机组成部分。

尊重人的价值、尊重精神的价值是人文精神的基本含义。"以人为本"是人文精神的核心，也就是说，把人放在最重要的位置上。人文精神提倡人文精神与科学性的相容性，关怀的中心是人的身心全面价值的体现。人在精神层面上的提升成为教育的最高目的，在人文精神中反映出人性的本质。人文的核心是贯穿人们思维与言行中的理想、价值取向、信仰、审美情趣、人文模式，即人文精神。人文精神强调人的文化生命和人的文化世界的开拓和弘扬，促进人的进步、发展和完善。人文精神是人类不断提升、完善、拓展自己，对个性和主体精神的赞同，对人类自身命运的探索。

人文精神影响物质文明建设，是精神文明的主要内容。作为衡量民族和地区文明程度的一个重要标尺，人文精神构成一个民族和地区文化特性的核心。一个国家的国民教育中，人文教育的地位和水平决定了国民人文修养的水平。没有现代科学的国家，科学就会落后；没有人文精神的民族，精神就会迷失，民族就会异化。21世纪的大学生既要有专业知识，又要有健全人格；既要有科学素养，又要有人文精神。我们应充分认识到大学生人文素养的重要性，在知识经济时代不断开展多种活动，推动大学生人文教育向前发展。

参考文献

[1] 王书贵.高校立德树人的理论探索与实践创新 [M].银川：宁夏人民出版社，2020.

[2] 陈琦，李佳.以美化心，以美育德：高校审美教育研究 [M].长春：吉林人民出版社，2021.

[3] 周丽琴，胡云.育人之路 [M].南昌：江西高校出版社，2018.

[4] 李政涛."生命·实践"教育学研究（第三辑）：学科教学的育人价值及其开发 [M].上海：上海教育出版社，2019.

[5] 袁荣高，张波，欧鎏.中国传统文化教育 [M].成都：电子科技大学出版社，2019.

[6] 李薇.高校辅导员与专业课教师协同育人研究 [M].长春：吉林人民出版社，2021.

[7] 贾爱武.高校外语课程育人行动研究 [M].杭州：浙江工商大学出版社，2019.

[8] 中国高等教育学会.高校·学科·育人：高等教育现代化：2017 年高等教育国际论坛论文集 [M].北京：北京理工大学出版社，2017.

[9] 朱惠蓉，陶思亮.跨界协同育人共同体教与学的对话 [M].上海：上海交通大学出版社，2018.

[10] 骆传伟，竺金飞.RICH 教育视野与育人模式 [M].杭州：浙江工商大学出版社，2020.

[11] 储著斌.现代大学治理的地方高校实践研究 [M].成都：西南交通大学出版社，2018.

[12] 施永川.美国高校创业教育教学模式研究 [M].上海：上海交通大学出版社，2020.